100% Bio Leonardo

CÉCILE ALIX

Illustrations : Leslie Plée

poulpe FICTIONS

Les Personnages

Leo

Génie universel au QI ★★★★
+ beau + élégant + hyper populaire
= star de l'histoire.

Mélissa

Youtubeuse méga fan de Leo
+ inventrice + drôle + dynamique
+ bavarde = c'est elle qui
te raconte l'histoire.

Émilie

Féministe + grande lectrice + passionnée
= meilleure amie de Mélissa.

Rémi

Ado + moqueur (souvent)
+ sympa (de temps en temps)
= frère de Mélissa.

Mère de Mélissa

Bricoleuse + maman-poule.

Père de Mélissa

Amateur de maquettes d'avions + éducateur (parfois impitoyable).

Mamie

Frileuse + Aime mettre son grain de sel.

Pépé Fred

Dingue de mode + collectionneur de chaussures + amoureux de Milan = grand-père de Mélissa.

Clotaire

Cultivé + malin + toujours ouvert et disponible = bibliothécaire

Lecteur

Réagit à tout ce que dit Mélissa + hyper curieux + parle dans une bulle = Spectateur(trice) des vidéos de Mélissa (ça pourrait être toi !)

BONUS

Si tu vois Ⓑ à côté d'un mot, file voir le bonus sur le site du Poulpe en suivant ce lien :

www.poulpe-fictions/bonus/leonardo

Chaque mot te dirigera vers :

- une vidéo sympa,
- une info,
- une interview,
- une nouvelle découverte !

Hommages souriants

Au génie qui est en toi, cher lecteur...

À Leo, l'anima dell'uccello

À Mélissa V., la muse rieuse

À Christiane A., maman dessinatrice

À Romain G., jeune inventeur du tournevis à aimant

À Manon S., oiselle d'édition

« Regarde la lumière et admire sa beauté.
Ferme l'œil et observe. Ce que tu as vu n'est plus et
ce que tu verras n'est pas encore.»

Leonardo da Vinci

Bande-annonce

Bienvenue sur ma chaîne *100% BIO* !

Si tu cherches autre chose sur YouTube que des vidéos de chats qui tombent ou des tutos de maquillage, tu es au bon endroit !

Petite précision : le sujet dont on va parler ici n'est pas d'origine BIOlogique, mais plutôt BIOgraphique. (Tu es écolo ? Tu peux rester, ce n'est pas incompatible.)

OK pour une biographie, mais celle de qui ? Parce que, sans vouloir être désagréable, ce que toi ou tes potes vous vivez... je m'en fiche un peu.

Rassure-toi.

Je ne vais pas te parler de moi, mais de quelqu'un qui a changé ma vie. Non, non, je n'en rajoute pas, tu vas comprendre.

Mais d'abord, quel format auront les vidéos ? Je suis comme toi, une heure de bla-bla, ça ne m'intéresse pas. Je vais donc te proposer des épisodes courts, comme une série si tu préfères. Pas le temps de t'endormir !

Côté déco, ma mère m'interdit de montrer ma tête sur YouTube. Alors, pour t'épargner les images Wikipédia avec concerto de pipeau médiéval en fond sonore, j'ai demandé à ma copine Leslie d'illustrer ce que je raconte. Et là, crois-moi, tu vas aimer, parce que c'est une as du dessin, qu'elle est bourrée d'humour et que son truc, c'est la BD.

Donc passons aux choses sérieuses !

De qui va-t-on s'occuper ici ?

De Leonardo

Pas le Leonardo des *Tortues Ninja*...
ni l'acteur DiCaprio.
Mais Leonardo da Vinci (prononce : Vinchi), que l'on appelle Léonard de Vinci chez nous. Mais on a tort, parce qu'il était italien !
Quand un Italien parle de Charles de Gaulle, il ne l'appelle pas Carlos. Tu imagines si on disait Carlos da Gaulle ? Non, hein ? Donc Leonardo, je l'appelle Leonardo, ou Leo, vu que c'était sans doute son diminutif.
Paradoxalement, j'assume ce défaut typiquement frenchy de tout adapter à notre sauce, alors je ne mettrai pas trop d'italien, sinon on ne s'y retrouvera plus.
Petite précision avant de commencer : ce n'est pas parce que je vais parler de Leonardo sur ma chaîne que je suis une intello qui n'a pas de vie.

1. Je préfère Harry Potter à Racine ou à Aristote.
2. J'ai la culture d'un alligator du Poitou.
3. Je ne vis pas H24 dans une bibliothèque-oubliette, une casquette Arte vissée sur la tête.

4. J’ai une vie sociale normale, je vais au collège souvent contrainte et forcée, comme la plupart des gens.

Sinon, j’adore (par ordre de préférence) : ma bande d’amis, ma Play, le rap, les Pringles cancérigènes et le Nutella avec huile de palme, la série de romans *Allô Sorcières* d’Anne-Fleur Multon, mon lit, ma couette et le thé à la menthe. Ma famille quand même aussi (souvent, on oublie l’importance de nos proches, alors qu’ils nous sont indispensables, même si on ne veut pas se l’avouer). Bon, c’est vrai qu’avec mon frère Rémi, c’est un peu tendu. Tout ça parce qu’un jour j’ai transformé en corne de licorne la mèche des 96 Titeuf de la tapisserie de sa chambre. Au feutre rose.

C’était il y a sept ans ; depuis, on a repeint ses murs en blanc, mais il a la rancune tenace. Il aime bien m’agacer, et comme c’est réciproque, on est à peu près à égalité dans notre guerre froide.

Quand je suis stressée, je m'enferme dans ma chambre et je dessine des plans.

De tout, de villes imaginaires, de cabanes tarabiscotées, de labyrinthes au milieu de la jungle ou du désert, de bidules pratiques pour me faciliter la vie, ou celle de ma bricolo de mère. Par exemple, l'autre jour, en montant une commode en kit, elle a avalé tout rond les trois vis qu'elle avait glissées entre ses lèvres ! Alors, je lui ai fabriqué un tournevis avec aimant intégré sur le manche. Le seul petit problème, c'est qu'il n'y a pas que les vis qui s'y collent !

Tout ça pour te dire que si certains se calment avec des plantes, moi, j'ai choisi la thérapie par les plans...

J'aimerais bien passer à l'étape maquette, voire au prototype, pour mes inventions de grande envergure, comme le pédalobrouteur (le vélo tondeur de pelouse), mais je n'ose pas me lancer. Un tournevis, ça va ; un pédalobrouteur, j'ai peur du résultat ! Bref, il y a deux mois, je vais à la bibliothèque. Pendant que je fouine dans les rayons, Clotaire, le maître des lieux, bavarde avec ma mère qui évidemment ne tarit pas à mon sujet :

— Mélissa est incrOyable ! Elle invente des engins extraOrdinaires ! C'est la plus forte, la plus géniale, la plus douée, ma fille !

Alors, Clotaire se tourne vers moi avec son regard « toi-ma-p'tite-j'm'en-vais-te-culturer-de-ce-pas-parce-que-tu-le-vaux-bien », et il me parle de Leonardo.

Des heures. Enfin, des minutes qui semblent des heures. Moi, je subis en bâillant discrètement, vu que bon, il a l'air sympa, son Leo, mais c'est juste un vieux génie mort, quoi ! Pas la peine d'en faire un plat. Pour finir, il me tend un bouquin sur ses inventions. Je rentre, je le lis, et là :

LA RÉVÉLATION

Depuis, je veux être Leo ! Il est trop géniaaal ! C'est mon maître, mon modèle, mon icône ! Mon rêve, ce serait de réaliser le centième du millième de ce qu'il a fait dans sa vie. Je n'ai jamais rencontré quelqu'un d'aussi impressionnant ! Il n'y a pas plus fou comme inventeur, pas plus génial ! Ce type est un mythe ! J'ai même pâte-à-fixé un poster XXL de lui au-dessus de mon bureau. Son portrait façon Andy Warhol, avec plein de couleurs, tu vois le genre ?

Une chaîne YouTube, c'est le moins que je puisse faire pour parler de lui, parce qu'honnêtement je trouve que, sur le Net, il n'y a pas grand-chose de fun sur sa vie. Et à la biblio, à part le livre que m'a filé Clotaire, tout le reste, c'est vraiment obscur, genre bio pour vieux prof super érudit avec des mots incompréhensibles, des avalanches de dates et des phrases tellement longues que tu t'endors quinze lignes après la majuscule du début sans avoir rencontré de point. YouTube, à côté, c'est le triomphe du progrès !

Lui, c'est Rémi. Mon frère est le spécialiste de l'incruste. Là, il est trop jaloux de ne pas avoir eu l'idée de la chaîne. D'ailleurs, ne t'étonne pas si lui, mes parents ou mon grand-père viennent faire leurs commentaires en live : je suis obligée de me filmer dans la cuisine, le wifi n'arrive pas jusqu'à ma chambre, vu l'épaisseur des murs. ☹

Pour en revenir à Leo, c'est vrai qu'à priori on ne connaît de lui que la *Joconde* et on sait vaguement qu'il a inventé des machines compliquées.

Mais, mon cher Rémi, c'est JUSTEMENT pour ça que j'interviens. Pour que le MONDE sache !

Vu qu'il s'intéressait à plein de choses et qu'il était hyper intelligent et bricoleur, il savait tout faire, ou presque. Tu veux la liste de ses talents ? OK, je t'en donne un extrait :

- **Peintre** (génial) ;
- **Sculpteur** (balèze) ;
- **Orfèvre** (à côté, Cartier peut aller se rhabiller) ;
- **Architecte** (lui aussi, il inventait des villes idéales !) ;
- **Décorateur de théâtre** (avec automates et robots !) ;
- **Créateur de costumes** (le Christian Lacroix du XVe siècle !) ;
- **Inventeur** d'engins techniques, militaires, artistiques, révolutionnaires, futuristes, diiingues (il aurait raflé toutes les médailles d'or du concours Lépine !) ;
- **Ingénieur** (hyper calé en systèmes hydrauliques… Plombier puissance 12 !) ;
- **Scientifique, chimiste, anatomiste** (je te raconterai, il y a des trucs bien dégoûtants à ce sujet) ;
- **Éthologue** (va voir dans le dico ou sur Google ce que ça veut dire ☺) ;
- **Mathématicien, philosophe** (logique, vu le parcours) ;
- **Chanteur, musicien** (il créait même des instruments !).

Je m'arrête là, sinon tu ne vas pas me croire. Ça semble trop pour un seul homme, tout ça !

En plus...

Pour ne rien gâcher, il était marrant, hyper populaire et carrément beau gosse. On te proposerait une série avec Leonardo dans le rôle-titre, tu ne décrocherais pas des dix saisons !

Alors ?

Tu es d'accord pour que je te parle de lui ? Crois-moi, il vaut le détour ! On parie que tu vas liker tous les épisodes ?

Si tu as aimé cette présentation, dégaine ton pouce bleu et abonne-toi à la chaîne !

Rendez-vous très bientôt pour la première vidéo sur l'enfance de Leo ! Je compte sur toi pour diffuser dans ton entourage :

ici, on se cultive

100 % Bio !

Graine de génie

Si toi aussi tu penses que Leonardo da Vinci a toujours été vieux et barbu, ce chapitre est fait pour toi ! Comme je te l'ai dit, Leo est italien. Il a passé son enfance dans le village de Vinci, en Toscane. Eh oui ! Leonardo porte le nom de son lieu de naissance.

Voilààà. Mais revenons à Vinci.

Pour situer, imagine l'Italie avec sa forme de botte. Tu repères Florence (Firenze) vers le milieu, un peu à gauche. C'est à côté.

Je te pose le décor ⟶ Vinci, c'est l'endroit où tu veux bien aller deux jours, mais pas plus (si tu as passé les onze ans). La plupart des parents adorent louer des gîtes de vacances dans ce genre de villages « trop pittoresques », tout en pierre, avec des ruelles pavées tellement en pente que, quand tu es en bas, tu te dis que c'est l'Everest puissance dix que tu vas devoir grimper tous les jours.

Tu as l'église au sommet, des cyprès partout qui semblent faux tellement ils sont nickels, des vignes qui dégringolent le long de la colline et des montagnes bleues au loin pour compléter le panorama. Tu ajoutes deux, trois hirondelles, une bande de chats sauvages (sauf quand il s'agit de manger), des grillons et des lézards, plus une chaleur à ne pas mettre un manchot dehors, et tu as l'ambiance idéale de la carte postale de ce coin paumé.

Maintenant, imagine que tu es dans ce paysage, mais **il y a plus de 560 ans**. L'été est brûlant, les cigales sont en transe dans les oliviers et deux amoureux s'amusent à se courir après en riant (comme dans les films en costumes, « trop-romantiques-j'adore-ça-me-fait-pleurer », que je me passe en boucle sur mon ordi).

La fille, c'est Caterina, une jeune servante. Lui, il s'appelle ser Piero Fruosino di Antonio da Vinci (Classe, hein ?). Il a 25 ans, il est notaire, il voyage partout, c'est le beau gosse riche du coin, et Caterina craque complètement pour lui. Vu qu'elle est belle comme un cœur, lui aussi il aime bien la rejoindre au calme, dans les buissons.

Après réflexion, je ne sais pas toi, mais moi, je n'ai jamais vu d'amoureux se courir après en riant. Donc, on oublie et on passe direct à la scène suivante : ils s'embrassent, ils s'enroulent, et hop ! Neuf mois plus tard, le 15 avril 1452, naît... Leonardo !

Ensuite, fin brutale de la séquence sentimentale : c'est la cata ! Ser Piero quitte Caterina.

Pourquoi ?

Alors, primo, ils ne sont pas mariés. Secundo, elle est d'origine très modeste et lui d'une famille bourgeoise. Tertio, quelques mois après la naissance de Leonardo, il épouse Albiera, la fille d'un riche fabricant de chaussures à Florence. Il n'était pas pour la diversité sociale, le Piero ! C'est vraiment injuste ! Le problème, pour Caterina, c'est que nous sommes au Quattrocento, au XVe siècle, en Italie. Le féminisme n'existait pas et on ne plaisantait pas avec les origines. En gros :

Tu viens du ruisseau
+ Tu n'as pas de dot
= Zéro épousailles avec ser Piero

Bref, Caterina garde le bébé jusqu'à son sevrage, et ensuite basta ! On la marie à un chaufournier, un type qui fabrique des fours, surnommé « Le Querelleur » (sympa !). Elle se retrouve mère de famille nombreuse et n'a plus de temps pour rien.

Du coup, c'est Antonio et monna Lucia, ses grands-parents paternels, qui élèvent mini-Leo.

Ils sont sympa avec lui. Normal, c'est leur premier petit-fils... Il y a aussi Francesco, le petit frère de son père, qui a seize ans de plus que Leo et qui l'emmène partout en balade. Il lui apprend à reconnaître les plantes médicinales, à observer les animaux et la nature, à écouter les légendes du village… Leo est super éveillé, il gobe toutes les infos. Francesco est son deuxième père.

Ser Piero s'installe à Florence, à 45 kilomètres de Vinci, pour gérer ses affaires. Ça ne semble pas loin, vu comme ça, mais si on songe que ni Lamborghini ni Ferrari n'avaient encore construit de bolides et qu'il fallait aller à pattes, à cheval ou en carriole, le trajet est tout de suite plus compliqué à caser dans l'emploi du temps. En tout cas, ser Piero vient rarement au village et se fiche plus ou moins (les douze premières années) du sort de Leonardo qui reste son… **bâtard**.

Là, je t'entends pousser des glapissements de hyène outragée :

On se détend. Ce n'est absolument pas un mot vulgaire à l'époque, c'est le nom donné aux enfants illégitimes, autrement dit, nés hors mariage. Dès le XIIe siècle, on a employé le terme de bastard, et ça ne choquait personne.

Voilà pour le cadre familial. Pour le reste, figure-toi que Leo a une chance incroyaaable : **il ne va pas à l'école !** Contrairement aux autres gamins de riches de l'époque, Leo n'a pas de précepteur, personne pour lui faire la classe. C'est tranquille pour lui : le minimum scolaire et la vie au grand air ! Là, j'avoue, je serais peut-être d'accord pour vivre à la campagne. Son grand-père lui apprend quand même la base : lire, écrire, compter. Il est gaucher (tiens, comme moi !) et tout le monde s'en fiche, même si, en ce temps-là, on disait que c'était la main du diable. Le curé du village lui enseigne aussi un peu de grammaire et d'arithmétique et lui montre les opérations sur l'abaque (une sorte de boulier chinois italien).

Leonardo est donc dispensé de latin, de sciences, de toutes les matières réservées aux fils de notables.

C'est triste, mais **pas de livres !** À part la Bible, il n'y en a aucun à Vinci. L'imprimerie vient tout juste d'être inventée par Gutenberg

en Allemagne, l'Italie ne le sait pas encore. Donc, dispense de fiches de lecture aussi !
Bref, une vraie enfance certifiée bio, les pieds dans la terre et la tête dans les nuages !

Tu veux dire que le gars a juste fait le lézard au soleil avant de se transformer en génie ?

Ah ! Ah ! Ah ! Mais non... Leo n'était pas trilingue à 3 ans, il n'a pas dessiné la *Joconde* à 5 ans ni inventé le char d'assaut à 8 ! Mais il ne fonctionnait pas exactement comme tout le monde. Je t'explique :

EXEMPLE N° 1

Si je croise :
- Une vipère
- Une araignée
- Une scolopendre
Je me tétanise illico et je hurle suraigu, au bord de la syncope !

C'est plus fort que moi : dès qu'il y a un truc moche qui rampe ou qui a trop de pattes ou d'antennes (ou pire : les deux !), je panique. Et puis je râle...

Je me rends compte que j'ai l'esprit complètement conditionné par ce qu'on m'a appris de la beauté ou de la laideur, du bon et du mauvais.

Leo ? Il trouve tout beau et bien ! Les serpents comme les oiseaux, les cafards comme les papillons, la pluie comme le soleil, la poussière comme la fougère. Pas du genre à rouspéter ! Il est content, il est libre, il regarde tout ce qui l'entoure, et dans sa tête, son génie s'ébullitionne tout seul !

EXEMPLE N°2

Quand je fais ricocher des galets plats dans l'eau de la rivière, je me sens trop forte si j'y arrive (c'est-à-dire pas souvent !). Alors, je m'emballe et j'en lance tout de suite un autre, et si ça marche (enfin, si ça ricoche), j'essaie encore.

Leo, ce n'est pas le caillou qui rebondit qui l'intéresse, ce sont les ronds que fait l'eau quand il la touche. Il veut savoir pourquoi ces cercles existent. Tout le monde s'en fiche ; lui, ça le fascine.

EXEMPLE N°3

Si je vois un aigle dans le ciel, je me dis que ça doit être planant d'être là-haut en trois coups d'ailes et de piquer droit sur une proie en sachant que, quoi qu'elle fasse, c'est moi qui gagnerai (mon côté brute sanguinaire).

Leo ? Il observe la structure des plumes, il cherche à expliquer comment l'oiseau peut s'envoler et décider de sa direction.

C'est comme quand une figue tombe d'une branche. Au lieu de la ramasser et de la croquer, il l'inspecte sous toutes les coutures pour comprendre pourquoi elle s'est crashée. Et il fait ça pour tout.

Ben non, il s'éclate ! Imagine un crâne rempli de points d'interrogation serrés les uns contre les autres avec plein de petites ampoules allumées au-dessus, et tu es à l'intérieur du cerveau de Leo.

Ses yeux de génie ont regardé la nature, ça a germé dans sa cervelle, et il a inventé des machines étonnantes !

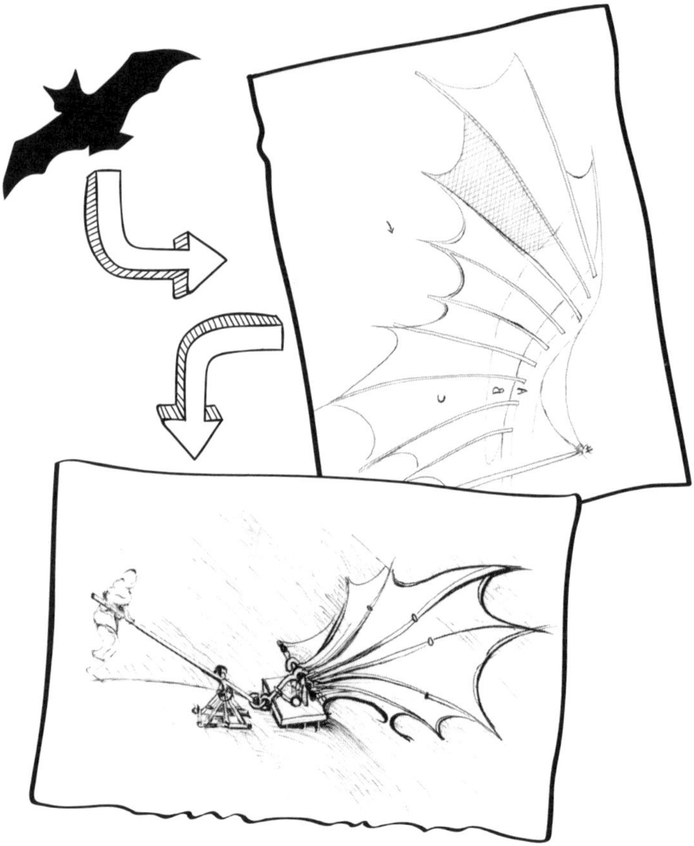

Et ce n'est qu'un petit exemple ! Je te reparlerai de ses inventions.

Quand j'ai montré cet épisode à ma mère, tu sais ce qu'elle m'a dit ? Ça :

Pfff, je ne vois pas pourquoi il faut toujours qu'elle ramène tout à moi. Si ça se trouve, Leonardo serait né un peu plus tard, il aurait *tranquillamente* dessiné la *Joconde* sur un ordi de son invention…

Bon, allez, c'est terminé pour aujourd'hui. La prochaine fois, je te parlerai de Leo ado.

Maestro !

Me revoilà ! Aujourd'hui, on aborde la période la plus monstrueuse de la vie humaine, j'ai nommé : l'adolescence ! 

Commençons par les questions essentielles : Leonardo da Vinci allait-il au collège à pied ou en bus ? Est-ce qu'on lui a collé un appareil dentaire ? Avait-il des problèmes d'acné ?

OK, j'arrête mes délires.

Première chose, ça commence mal : son grand-père meurt (ben oui, c'est la vie...), mais il y a pire. Sa belle-mère meurt aussi. C'est pas juste, parce qu'elle était hyper jeune, la pauvre Albiera !

Tu sais ce que fait son veuf de père ? Il se remarie… avec une fille de 16 ans !

Résultat, à 12 ans, Leo quitte son village de Vinci et débarque à Florence dans la maison de ser Piero et de Francesca, sa nouvelle femme.

Alors là, il est carrément fasciné ! Pour lui, cette ville, c'est le top du progrès. Il y a du bruit, des lumières, des rues tellement larges qu'on pourrait y caser plusieurs ~~semi-remorques~~ charrettes côte à côte, des fontaines déco, des ponts, des fresques… En gros, c'est comme un musée, mais pas dans un musée. Dehors, quoi ! Ça le change radicalement de son village.

Toi et moi, on est blasés, mais vers 1465, tu n'as pas plus moderne et classe que Florence, c'est l'endroit où il faut être, le phare de l'Europe ! Ses voisins louchent tous vers elle, comme de gros envieux (oui, oui, même Paris !).

Je les comprends. Ils étaient coincés dans leur époque moyenâgeuse, et voilà qu'une ville leur offre un confort ultramoderne ! Ils ont l'impression de renaître (un peu comme moi quand je rentre d'une semaine de rando-poney et que je retrouve ma douche, mon linge propre et mon lit). C'est pour ça qu'on a baptisé cette période *la Renaissance*.

Mini-point d'histoire pour te situer : les princes Pierre de Médicis, puis Laurent le Magnifique règnent sur la ville. Entre nous, Laurent n'est pas tout à fait magnifique. D'abord, il est assez moche. Il a le nez écrasé (genre fraise pourrie au fond du cageot), une bouche trop large et un teint javellisé. Plus une coupe à la Jeanne d'Arc (c'était la mode à l'époque) qui lui donne un air de Playmobil psychopathe. Mais comme il fait partie de la riche famille des Médicis et qu'il a un QI ★★★, il a un total pouvoir, et personne n'ose critiquer son look. Remarque, il pourrait être sympa : il écrit des poèmes et il aime bien les arts... Clotaire m'a dit que c'était un *mécène éclairé*. Un mécène, c'est un riche qui finance les artistes ou les savants ; mais alors *éclairé*... j'avoue, j'ai dû chercher.

« Éclairé », ça veut dire qu'il est cultivé. La lumière de la connaissance l'illumine… Tu vois le genre ? Le problème, c'est que notre bonhomme est aussi une grosse brute épaisse. Pire que Dark Vador et Terminator réunis ! Il est complètement parano, persuadé que les autres veulent lui piquer sa place.

Faut pas le chercher, sinon c'est toi qu'on ne trouve plus ! Le Magnifique (pas du tout magnifique) est prêt à tout pour rester le chef.

Revenons à Leonardo.

Évidemment, pas de collège ! Hé oui ! C'est injuste, mais c'est comme ça : les bâtards, même bourgeois, étaient **interdits d'études**. Impossible donc pour lui de succéder à son père ou de devenir avocat, médecin, toutes ces professions qui impressionnent nos grands-mères.

No stress ! Leo a plusieurs atouts : il a un père hyper populaire qui a un super réseau, il est « trop mignon » et il a déjà un joli coup de crayon. Ser Piero lui trouve vite un métier : il le fait entrer comme apprenti dans le prestigieux atelier d'Andrea del Verrocchio.

Alors oui, je sais, on l'a complètement oublié aujourd'hui, mais au XVe siècle, Verrocchio, c'est LE maestro ! Le meilleur de Florence ! Un type balèze qui sait TOUT FAIRE !

CV tellement long qu'on a la flemme de lire !

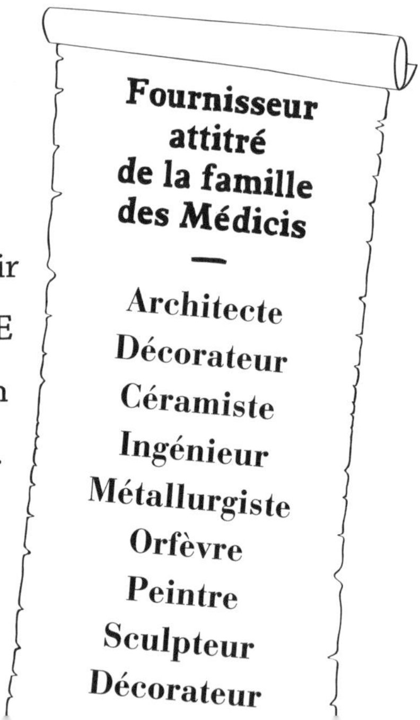

Nous, on a préféré se souvenir de son élève Leonardo (THE BEST !), mais aussi de son assistant, un certain Botticelli.

Je suis sûre que tu connais. C'est celui qui a peint *La Naissance de Vénus*.

Du jour au lendemain, Leo se retrouve donc dans l'atelier de Verrocchio, et vu le décor, ça ne doit pas être évident… Pour moi, un atelier d'artiste, ça ressemble à la photo que ma prof d'arts plastiques a postée sur son blog :

Tu as vu ? C'est beau, non ? Super **inspirant** !

Eh bien, oublie tout de suite, parce que celui de Verrocchio ne ressemble **pas du tout** à ça. On dirait plutôt une usine. D'ailleurs, à l'époque, on ne dit pas « atelier », mais *bottega*. En fait, c'est une boutique ouverte sur la rue, pas plus glamour que celle du boucher.

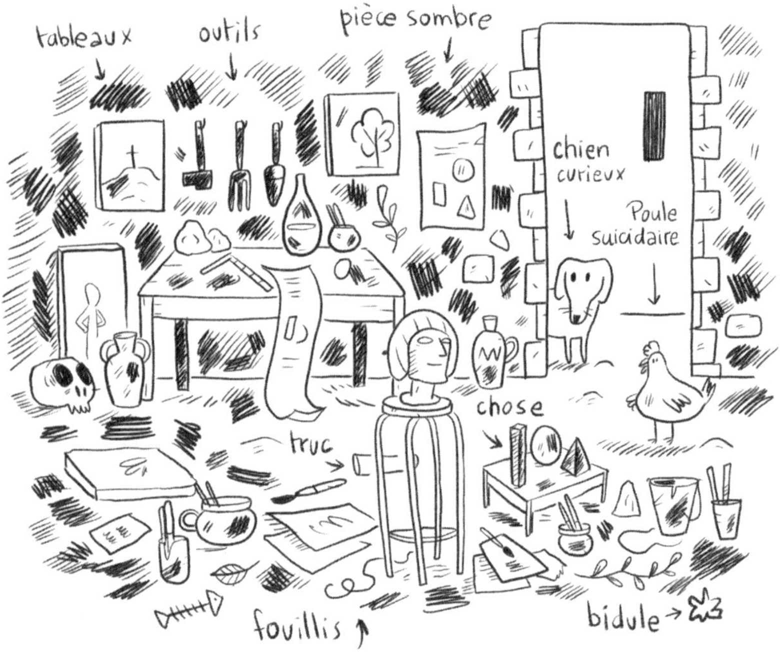

Je ne te dis pas le bazar et le boucan ! Tout le monde parle en même temps. Botticelli rigole avec le Pérugin (un assistant qui, lui aussi, deviendra célèbre) parce qu'une fille leur fait coucou de la rue, un jeune chantonne en sculptant, un autre sifflote en peignant, deux apprentis se disputent à mi-voix et Verrocchio pique une crise parce qu'il a perdu son burin préféré ! Leo devait trouver cette nouvelle faune géniale à étudier !

Sauf que ça empeste la sueur et que c'est sombre comme un four. Là-dedans, on travaille 7 j/7, sans pause syndicale.

Terminé aussi les rigolades avec sa nouvelle belle-mère. Vu qu'elle n'avait que quatre ans de plus que lui, ils étaient devenus amis, tous les deux. Désormais, après sa journée de travail, Leo reste chez Verrocchio pour manger et pour dormir. D'ailleurs, tout le monde habite chez le maestro : apprentis et assistants. Ils travaillent en bas et dorment à l'étage. Tu te rends compte ? Imagine qu'après ta journée de cours, tu sois condamné(e) à rester au collège pour manger avec tes profs et, en plus, coucher dans le même dortoir qu'eux !

Tu te souviens quand je t'ai dit que Leo ne réagissait pas comme tout le monde ? Là, évidemment, il ne stresse pas : il adore son apprentissage et la pension. Il se fait des potes et il aime l'ambiance. Pourtant, dans la maison d'Andrea, on ne vit pas à la cool. Le maestro est sévère, il ne plaisante pas avec l'hygiène de vie et la religion. En Italie, à l'époque, on est catholique pratiquant et on suit les règles de l'Église à la lettre. *Disciplina, disciplina !* Crois-moi, c'est pas la fiesta tous les jours !

En plus, c'est formule « tout compris » : on apprend à faire travailler ses mains, mais aussi sa tête. Pas de repos pour les neurones ! Verrocchio aime la philo, les sciences, les maths... Il chante, il joue du luth (ça semble ringard, mais à l'époque, c'était la mode !) et il connaît plein de savants. Imagine que tes parents organisent sans cesse des soirées culture :

— Chérie, mets la table s'il te plaît, un philosophe vient pour l'apéro, deux mathématiciennes pour le dîner et des architectes et géographes passeront prendre le café !

Je crois que je me lasserais (je déteste mettre le couvert !). Alors, je ne te raconte pas Leonardo, là au milieu, avec son patois, son accent, son orthographe de gnou et sa naïveté de paysan. C'est comme si on catapultait Heidi à New York ! N'empêche que, comme d'hab', il ne panique pas. Il écarquille les yeux, ouvre à fond les oreilles et n'en perd pas une miette. Il a de la chance, il retient tout ce qu'il entend. (Ça ne pourrait pas m'arriver en cours de SVT ou de géo, ça ?) Une véritable éponge à savoirs, ce Leo ! Il admire tellement Verrocchio ! Surtout qu'en plus d'être le boss en tout, Andrea a le même âge que son oncle Francesco.

Ser Piero est son père de sang, Francesco son père de cœur, le maestro sera son père spirituel ! Trois *padre* ! Pas mal pour un bâtard !

C'est pareil partout : quand tu débutes, tu te coltines les tâches ingrates.

Il en avait à faire, le *discepolo* ! Tu parles d'un boulot ! Leo supporte tout sans se plaindre.

Il se fiche complètement d'être employé à servir les autres, du moment qu'il peut les regarder travailler en même temps.
— Prends-en de la graine, Mélissa ! [Là, c'est mon père qui s'investit dans son rôle d'éducateur.] À propos, tu pourrais remplir le lave-vaisselle s'il te plaît ? Et pendant que tu y es, donne un coup d'éponge sur la cuisinière et range les restes dans le frigo.
— Mouais… Et toi ? Tu fais quoi ? 
[Il n'y a pas l'étiquette « Cendrillon » agrafée sur mon front, les enfants ont des droits et…]
— Moi, il faut que je colle les ailes de la maquette de mon Beechcraft 107 Staggerwing… mais regarde en même temps, si ça t'intéresse…
— Désolée, papounet, je ne peux pas à la fois faire le larbin et t'admirer. 
— Je comprends, Mél', tout le monde n'est pas Léonard de Vinci… Au fait, n'oublie pas de sortir la poubelle !

Bref, tout ça pour dire que Leo est mon exact contraire : un esclave idéal qui bosse en souriant et en observant !

Je n'y avais jamais pensé, mais au *Quattrocento*, les musées n'existaient pas encore. C'est dingue, non ? Normal ! Les créateurs des tableaux et des sculptures qu'on y trouve maintenant n'étaient pas encore nés ou pas encore célèbres. Je me demande où était la *Vénus de Milo* à cette époque... Sans doute planquée sur son île grecque. J'ai aussi entendu dire que Botticelli avait peint de la vaisselle. Tu t'imagines manger des lasagnes dans une assiette décorée par l'homme qui a peint *La Naissance de Vénus* ? Pas mal, non ? ☺

Comme Florence est un musée, Verrocchio organise régulièrement... des sorties scolaires !

Si, si ! Le maestro emmène régulièrement sa petite troupe d'élèves en centre-ville pour comprendre l'architecture, examiner et comparer les œuvres d'art, étudier les drapés, copier les sculptures antiques, directement dans les rues ! Tout se grave dans la tête de Leo. Ensuite, il reproduit sur sa tablette (l'ancêtre en bois ou en cire de l'iPad). Ses dessins sont hyper précis. Les volumes sont tellement **parfaits** qu'on dirait la réalité. Il aurait pu inventer l'imprimante 3D s'il avait eu l'électricité !

Lui qui s'y connaît bien en anatomie animale, à force de dessiner les biquettes et les canassons dans les champs et de disséquer les lézards morts, il apprend maintenant les proportions du corps humain en regardant des modèles poser et en les dessinant. Et comme on vient de (re)découvrir la perspective – parce qu'on oublie souvent qu'on la maîtrisait il y a 36 000 ans (il suffit de visiter la grotte Chauvet) –, il se passionne pour cette technique.

QUESTION

Comment on fait quand on est apprenti et qu'il n'y a plus un seul modèle dispo dans le coin ?

On n'a pas le choix, on le fabrique ! Le maestro a demandé à Leo de dessiner un bonhomme enroulé dans un drap et il n'y a personne pour poser ? Pas de problème ! Il sculpte un mannequin dans la glaise et lui ajoute des morceaux d'étoffe mouillée qu'il recouvre de terre.
Morale de l'exercice : pour peindre, il faut déjà savoir sculpter.

Ce n'est pas tout ! Le *discepolo* apprend aussi à fabriquer son matériel. Pour nous, c'est facile, on achète nos fournitures scolaires au supermarché, mais lui n'a pas Leclerc ou Cultura au coin de la rue. Il confectionne ses brosses et ses pinceaux avec ses petits doigts. Il n'a pas non plus de peinture en tube. Il doit broyer quotidiennement les pigments, les mélanger à du jaune d'œuf et cuire les enduits.

Comme Leo est le meilleur pour peindre les fonds de tableaux, il passe au degré supérieur : Verrocchio lui apprend à peindre les plis des étoffes, les visages des bébés, ceux des vieillards, l'eau des rivières (avec ou sans poissons), les murs en pierre (avec ou sans mousse), le ciel (avec ou sans nuages), ~~les voitures (avec ou sans phares)~~... le monde en somme ! Leo se passionne. Il travaille comme un fou et s'implique à 100 %.

Il découvre aussi comment « transférer » ses dessins avant de les peindre.

Avec une feuille de calque ?

Non, mais c'est le même principe. Ça s'appelle la méthode du poncif, un système D de maestro.

Regarde, je t'ai fait un tuto :

TECHNIQUE du TRANSFERT *à la manière de* LEONARDO

- **Dessine ton modèle sur un carton, ou une feuille épaisse** *(tu peux aussi coller une photo ou autre sur ton support)*.

- **Quand ton dessin est terminé** *(ou quand tu as collé ce que tu souhaites transférer)*, **perfore les contours du sujet avec une aiguille, en espaçant les trous d'1 cm environ** *(c'est ça, un poncif)*.
- **Choisis une planche en bois** *(à l'époque, on peignait sur bois)*.
- **Enduis-la d'une couche de blanc crème.** *(Attends que ça sèche avant de passer à la suite !)*
- **Avec une pince, fixe ton carton sur la planche, la face dessin** *(ou photo, ou autre)* **tournée vers toi.**
- **Applique la pointe d'un crayon à papier** *(Leo le faisait à la pierre noire)* **dans chaque petit trou du carton et marque ainsi des repères sur le fond.**
- **Enlève le carton : tu as les contours de ta figure en pointillé sur le bois, tu peux commencer à mettre en couleur.**

RÉSULTAT

**Quand ta peinture sera achevée,
même si à l'origine ce n'est pas ton dessin,
ou si tu as choisi d'utiliser une photo,
tu pourras quand même dire :**

« *C'est moi qui l'ai fait !* »

Pas vraiment, car il reste beaucoup à faire après ça. L'intérêt, c'est de pouvoir utiliser son modèle avec plusieurs tableaux, mais en changeant des détails. C'est moins fatigant que de tout refaire. Plus tard, c'est cette technique qu'il utilisera avec son tableau de sainte Anne. Ses élèves lui piqueront même son poncif pour en faire des copies !

Eh oui ! Mais on n'en est pas encore là. Pour le moment, Leo va avoir 15 ans, il peint de la main gauche, dessine de la main droite, et il s'éclate ! Il s'inspire complètement de ce que la nature lui a appris. Il peint avec sa mémoire, son cœur et en écoutant ses sens. Résultat ? On pourrait respirer ses fleurs, tremper les orteils dans ses ruisseaux, entendre piailler ses moineaux, croquer ses fruits, **tout paraît vivant**. Dans la *bottega*, les autres sont épatés.

Voilà trois ans que Leo est *discepolo* chez Verrocchio, il va maintenant pouvoir devenir ***garzone*** !

La peinture dans la peau

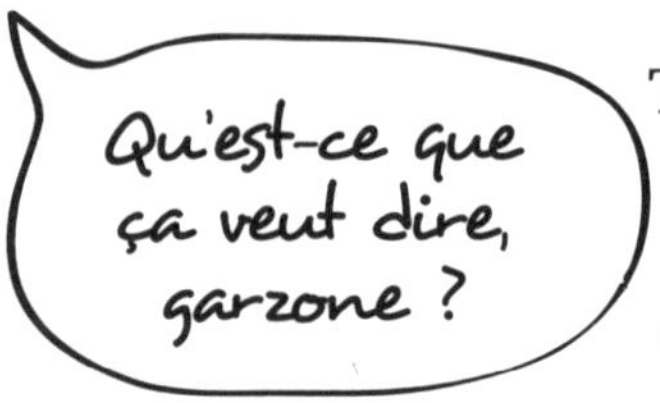

Tout simplement, « compagnon ». Comme mon cousin Joris, qui vient de commencer son tour de France.

Non, rien à voir. Joris est Compagnon du Devoir. Élève boulanger, il va faire des stages chez plein d'artisans partout dans le pays pour se perfectionner. Après, il devra fabriquer la baguette du siècle ou le meilleur croissant du monde. Ce sera son chef-d'œuvre et il sera sacré « maître » par ses pairs. C'est la classe, non ? Dommage que je ne puisse pas intégrer les Compagnons dans la catégorie inventeurs foldingos, elle n'existe pas !

Pour Leo, c'est un peu comme pour mon cousin. Devenu *garzone*, on arrête de le prendre pour un domestique, et il peut s'impliquer davantage dans les créations de l'atelier. Il ne se contente plus de préparer le matos pour les autres, il crée les œuvres **avec** les autres !

> OK, mais comment on sait qui a peint quoi si tout le monde s'y colle en même temps ?

Je me suis posé la même question que toi. C'est Clotaire qui m'a expliqué.

À l'époque, il y a un truc qui n'existe pas encore : le fameux ©, le copyright. Le maestro signe rarement ses œuvres. Par exemple, Verrocchio peut travailler des mois sur un tableau et décider de laisser ses élèves l'achever. Il peut aussi terminer la fresque d'un autre. Beaucoup de pièces qui sortent

de l'atelier ne sont pas les créations originales d'un seul artiste, mais des œuvres collectives. C'est hyper participatif comme méthode, tout le monde met la main à la pâte, quel que soit son niveau. Pour nous, c'est tendance ; au XVe siècle, c'était **normal** !

Comme Verrocchio trouve Leo carrément doué, il lui enseigne plein de matières en plus du programme de base. Pour que tu te rendes compte, voilà un fragment de son emploi du temps :

	Lu	Ma	Me	Je	Ve	Sa	Di
7H	Ciselure	Architecture	Ciselure	Architecture	Ciselure	Architecture	Ciselure
8H	Mécanique	Mécanique	Mécanique	Mécanique	Mécanique	Mécanique	Mécanique
9H	Peinture	Sculpture	Peinture	Sculpture	Peinture	Sculpture	Peinture
10H	Peinture	Sculpture	Peinture	Sculpture	Peinture	Sculpture	Peinture
11H	Peinture	Sculpture	Peinture	Sculpture	Peinture	Sculpture	Peinture
12H	Peinture	Sculpture	Peinture	Sculpture	Peinture	Sculpture	Peinture
14H	Bronze (coulage)	Maths	Sciences	Anatomie	Maths	Maths	Géométrie
15H	Fer (fonte)	Fer (fonte)	Bronze (coulage)	Poterie	Bronze (coulage)	Poterie	Fer (fonte)
16H	Dorure	Dorure	Dorure				
17H	Fer						

Et il dessine toujours ! Pas de congés, pas de jours fériés ! Rien que d'y penser, je suis crevée !

C'est clair, Leo est un hyperactif surdoué avec :

- Cerveaux gauche et droit ultra musclés ;
- Sens de l'observation triple A ;
- Compréhension du monde XXL.

Pourtant, il ne se repose pas sur ses lauriers. Moi, j'aurais le centième de sa matière grise, je me la coulerais douce, les pieds en éventail !

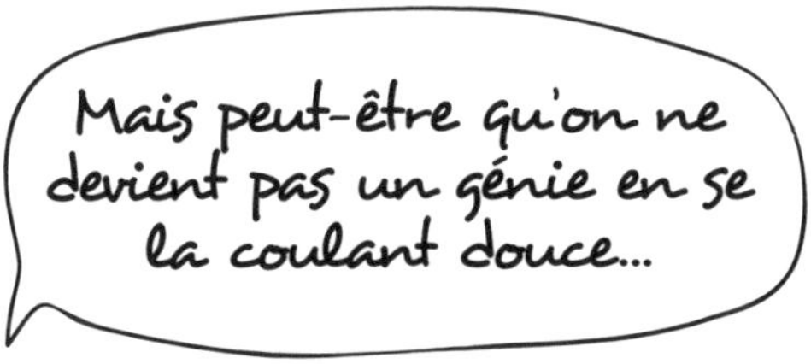

N'empêche que si on m'infligeait un emploi du temps comme le sien, j'irais directement porter plainte au bureau du Haut-Commissariat aux droits de l'homme ! Pas toi ?

Pfff… Le pire, c'est que je suis sûre que Leo trouvait ces horaires démentiels complètement normaux !

Ben non, ce n'est pas du fayotage, c'est de la **passion** ! C'est une chance de s'intéresser à tout, ce n'est pas donné à tout le monde. J'aimerais bien être comme Leo. Mais rien à faire, il y a des cours où je n'accroche pas du tout. Il faut dire que certains profs ne sont pas champions de la communication. Quand mes parents ont fait la tête devant ma note au dernier DS de géo, je leur ai dit : « Il est mou, le prof ! Si on me parle sans motivation, comment voulez-vous que j'en aie ? » Je ne sais pas si je les ai convaincus, mais mon père m'a dit que, maintenant, il était « très motivé » pour me faire réviser mes leçons. 

Verrocchio devait être le prof génial que tout élève rêverait d'avoir. Il savait captiver. C'était pas un somnifère parlant ! Il ne se contentait pas de dire :

— *Mes p'tits gars, les Anciens ont fait comme ça, v'là la recette, copiez et ne vous plantez pas !*

Il innovait, osait les expériences, il bousculait tous les codes, il dépoussiérait l'art, et il faisait confiance à ses élèves. Il les encourageait, c'est important, ça ! Leo était son plus grand fan.

Par exemple, au milieu des années 1460, c'est le début de la peinture à l'huile, en Toscane. Avec ses amis, Leo joue à l'apprenti sorcier, et Verrocchio les laisse faire.

Ils mélangent, cuisent, broient et mettent au point de nouveaux pigments. Ils inventent des couleurs, des essences et des huiles. Ils testent de nouveaux grains, de nouvelles résines et d'autres vernis : ils alchimisent ! Leo se lâche, l'imagination lancée au triple galop : toute une mécanique se met à tourner dans sa tête. Je l'imagine très bien en train de dessiner ses premiers plans d'hélices. Il m'inspire : si je fixais deux mini-ventilateurs solaires sur les lunettes de mon père ? Il n'aurait plus de buée sur ses verres !

En plus, ce qu'il est beau, Leo !
Physiquement, il assure !
Si tu veux voir à quoi
il ressemblait, file
regarder dans le **BONUS**
la photo du *David* Ⓑ
de Verrocchio, c'est lui qui a servi
de modèle pour cette sculpture.

Avec tout le monde qu'il a à nourrir et sa réputation qui ne cesse de grandir, Andrea est un boulimique de travail. Il ne refuse aucune commande, alors je ne te dis pas tout le taf qu'ils ont à l'atelier ! On ne chôme pas chez lui !

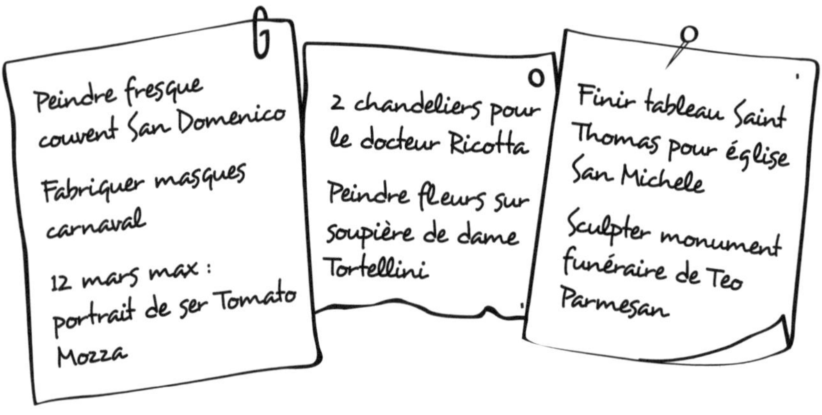

Sa notoriété est telle qu'un jour on lui confie la mission dont tous les artistes florentins rêvent : fabriquer et fixer la sphère et la croix dorées qui manquent au sommet de la cathédrale.

Au début, j'ai pensé que ce n'était pas l'affaire du siècle : juste une boule sur un toit, et puis voilà !

Sauf que Clotaire m'a dit que la boule en question pesait 2 tonnes, qu'elle mesurait 6 mètres de diamètre et que la hauteur de la cathédrale était celle d'un immeuble de quarante étages... Vu les engins de chantier de l'époque, si j'avais été Verrocchio, j'aurais complètement flippé !

Je te raconte l'histoire :

Au départ, il y a un architecte, qui s'appelle Brunelleschi, pour s'occuper du dôme. Mais pas de chance : paf ! il meurt avant la fin des travaux. Il n'y a ni boule ni croix au sommet de la cathédrale. C'est d'un moche ! Ça fait pas fini, genre cerise qui manque sur le gâteau. Donc, on se creuse la tête... « Qui est-ce qui va pouvoir faire ça ? » On cherche, on cherche, quand soudain, on se dit :

« Mais c'est bien sûr ! Y a qu'à donner le job à Verrocchio ! »

Et devine ce que fait le maestro ? Comme il est overbooké, il refile une partie du boulot à Leonardo :

— Moi, je veux bien faire la sphère, mais va falloir que tu m'aides à trouver un truc pour la hisser là-haut !

Alors, notre pauvre Leo travaille comme une mule. Il n'est pas spécialiste, lui ! Il se met à la physique, à la métallurgie, à la mécanique. Il passe des jours et des nuits sur les plans de Brunelleschi.

Je te rappelle en passant qu'il n'a que 15 ans ! Il ne va pas à l'université, mais Andrea lui demande tranquillement de devenir ingénieur (À côté, Polytechnique, c'est le niveau bac à sable…) !

N'importe quel ado se serait retrouvé sous antidépresseurs pendant six mois ; pas Leo, évidemment. Il reprend les détails des calculs et les dessins de la grue conçue par Brunelleschi, un engin capable de soulever des poids énormes à plus de 100 mètres de hauteur !

Quatre ans plus tard, le 24 mai 1471, à 15 heures, au son des trompettes, l'énorme globe de bronze doré au feu est hissé au sommet de la cathédrale. Le lendemain, il est fixé à son socle... pour l'éternité !

Je sais que je prends mon ton « docu sur Arte », mais franchement ça m'impressionne ! En t'en parlant, je me rends compte de l'ampleur du truc. À l'époque, l'événement a fait le tour de toutes les cours d'Europe. C'était l'exploit du siècle !

Exactement, de vraies stars ! Si j'étais née au XVe siècle, j'aurais fait la queue pour avoir un autographe !

Évidemment, l'atelier ne se consacre pas exclusivement à ce chantier pendant quatre ans. Leo continue à sculpter, à peindre et à se perfectionner en regardant la nature.

Par exemple, juste après l'épisode de la boule du dôme, il travaille sur un tableau célèbre :

L'Annonciation

(C'est quand un ange vient dire à Marie qu'elle va être enceinte.)

Leo peint les ailes de l'ange en s'inspirant de vraies ailes d'oiseau. Peut-être qu'il peint aussi l'ange en entier, le décor du fond et Marie, on ne sait pas trop... N'empêche que, même si ce tableau comporte plein de défauts, il est considéré comme un chef-d'œuvre.

En 1472, il se passe un truc super important : Leo, qui vient de fêter ses 20 ans, n'est plus compagnon, il devient officiellement MAESTRO ! En gros, c'est l'équivalent du bac + 6. Tu te rends compte ?

Plus j'apprends des choses sur Leo, plus il me fascine. C'est vrai, quand on ne le connaît pas, on croit que c'est un vieux peintre ringard dont les œuvres plaisent surtout aux troupeaux de touristes. J'oublie tout le temps que les adultes ont été enfants. Maintenant que je sais quel ado était Leo, je ne vois plus le vieillard barbu. J'aimerais tellement avoir un peu de son talent ! En tout cas, il me donne de l'énergie : j'ai enfin terminé les dessins techniques du pédalobrouteur. Ma mère dit qu'il est parfaitement réalisable. Alors, j'ai récupéré le vieux vélo de mon père et je vais me lancer dans le prototype. Ma copine Émilie a dit qu'elle viendrait m'aider pendant les prochaines vacances. Elle n'est pas belle, la vie ?

Leonardo reste à l'atelier d'Andrea pendant encore quelques années, comme premier assistant. Il aime bien travailler avec son maestro, et à mon avis – même si je ne suis pas une spécialiste de la psychologie des garçons en quête de modèle paternel –, ça ne lui dit rien de se séparer de Verrocchio. Surtout que ser Piero s'est encore remarié (la pauvre Francesca est morte, elle aussi), avec Margherita cette fois !

Ah oui ! J'allais oublier ! Une autre commande importante arrive d'un monastère (je t'en parle parce qu'elle va marquer un tournant dans la vie de Leo) :

Le Baptême du Christ

(C'est quand saint Jean-Baptiste verse de l'eau bénie sur le front de Jésus.)

Encore un truc religieux ?

Heu... venant de moines, ça n'a rien d'étonnant. À l'époque, comme je te l'ai dit, non seulement on est très croyant, mais beaucoup d'œuvres d'art sont religieuses et commandées par le clergé qui est riche et puissant.

Donc, Verrocchio commence le tableau, puis, comme d'habitude, il le refile à un assistant. Pour terminer, c'est Leonardo qui retravaille un peu tout. Il commence à nettoyer ses pinceaux, quand soudain il a une idée ! Il ajoute un ange à gauche.

Et là, y a pas photo, l'ange de Leo, c'est le plus beau ! Il ne ressemble pas au reste du tableau : il est lumineux, il sourit avec ses beaux cheveux dorés et frisés comme de la mousse. On dirait qu'il va nous chanter un truc tout doux et, en même temps, il semble irréel. Tu ne devineras jamais pourquoi ! Il faut que je te raconte ce qu'Émilie et moi, on a découvert sur le net.

Le mystère du mystère de l'ange de Leo enfin élucidé !

Tadam ! Son secret, c'est… LE SFUMATO ! Ⓑ
Un nouveau procédé de l'époque, que Leo est le seul à vraiment maîtriser. (Il assure trop, mon Leo !)
Sfumato → Ça vient d'un mot italien qui veut dire « comme la fumée ». Il y a un côté magique là-dedans, tu ne trouves pas ?
C'est une méthode **hyper** longue, **hyper** complexe, et personne n'a envie de s'embêter avec… Après Leo, il y a bien eu Raphaël et Vermeer – le peintre de *La Laitière*

(pas la marque de yaourts !) – qui l'ont utilisée, mais pas à fond.

Comment ça marche ?

Il faut peindre en appliquant plusieurs couches successives d'huile (pas d'olive ! De peinture à l'huile !) et en laissant sécher entre deux couches. Leo applique **10 couches !** Il est le seul dans toute l'histoire de l'art à en mettre autant. Tu imagines le temps qu'il lui faut ? Comme la peinture ne doit pas être épaisse, il invente un petit moulin à broyer les pigments pour obtenir une texture **50 fois plus fine** qu'un cheveu humain !

Sur la toile, ça donne un résultat vaporeux avec des contours invisibles. Tu vois la *Joconde* ? Il l'a peinte avec cette technique. C'est pour ça que tout le monde dit qu'elle est **mystérieuse**.

Sur les tableaux de Leo, on ne voit aucune trace de pinceau, à croire qu'il peint avec les doigts. D'ailleurs, on a retrouvé ses empreintes digitales dans les couches d'huile de ses tableaux. Je le savais ! Il a vraiment la peinture dans la peau ! 😊

- Leo applique ses « jus » de peinture.
- Le sujet apparaît peu à peu.
- La lumière traverse les pigments.
- Elle arrive jusqu'au fond blanc qui la réfléchit, comme si elle passait à travers du verre teinté.

C'est pour ça que la peau de ses personnages semble translucide. Tout le monde essaie de copier la matière, mais lui : il **crée** la matière ! Si tu regardes bien, dans la nature, il n'y a pas vraiment de contours. Tout change avec le mouvement ou selon ton point de vue. Il avait complètement raison !

Avec Émilie, qui se passionne de plus en plus pour Leo, elle aussi, on a fait une enquête pour savoir comment les spécialistes d'aujourd'hui peuvent prouver que Leonardo est l'auteur d'un tableau :

1. Ils déterminent l'ancienneté du bois pour le dater ;
2. Ils vérifient que c'est l'œuvre d'un gaucher ;
3. Ils passent le tableau aux rayons X (ils lui font une radio) ;
4. S'ils ne trouvent qu'un grand vide, c'est du Leo !

Ça va ? Tu suis ?

Je sais que toutes ces explications sont un peu techniques, mais c'est le seul moyen pour comprendre le mystère des personnages de Leonardo.

Quand Andrea voit l'ange de Leonardo, il est aussi bluffé que nous. Il est archi-fier que son élève ait trouvé son style. Alors, c'est décidé : **il lui propose de diriger son atelier de peinture**. Comme ça, il pourra lui-même se consacrer à ce qu'il préfère : l'orfèvrerie et la sculpture.

Super promotion !

Exactement ! À 21 ans, Leo, le maestro, devient associé de Verrocchio. ***Trooooop bien !***

Number one

Salut à toi, génie sfumatisé ! Où est-ce qu'on en était ?

Leo enfant, c'est fait !

Leo ado, c'est fait aussi !

Maintenant, il a 21 ans et il est associé avec Verrocchio. Professionnellement, c'est le début de la gloire, donc comment s'occupe-t-il ? Il se sacre empereur des maestros ? Il peint la *Joconde*, et après, tranquille… il profite de la vie sur une chaise longue de son invention ?

Alors, déjà, Leo, c'est un garçon plutôt équilibré question hygiène de vie.

Tu connais sûrement quelqu'un qui fait son jogging tous les matins et qui mange bio ?

Ça te parle ?

(Moi, honnêtement, au bout de 2 pastèques, je cale.)

— *Vive le sport et la diététique !* braillent les spots télé.

— *Vive les produits fermiers !* enchaîne ta mère en revenant du marché.

N'empêche qu'on n'a rien inventé : déjà au XVe siècle, Leo était hyper sportif et… végétarien.

Il s'entraîne tous les jours et il mange des céréales, des fruits, des champignons, des pâtes et du minestrone. Pas de viande. Il déteste qu'on tue les animaux, il dit que l'estomac des hommes est la tombe des bêtes. Il achète des oiseaux en cage et les libère aussitôt. Il aime la vie, quoi !

Leo n'est pas un intello écolo idéaliste coincé derrière son bureau. Maintenant qu'il est maestro, quand il ne travaille pas, **il sort et il s'éclate !** On nous le présente toujours comme un type hyper sérieux, alors qu'il est comme tout le monde, il soigne son look et fait la fiesta. Puisque ni Versace ni Armani ne sont encore en voie d'apparition, il se parfume à l'eau de rose fraîche et à la lavande et il crée des produits de beauté. Il invente même une crème dépilatoire à base de chaux et d'orpiment – ça lui évite d'aller se faire épiler chez l'esthéticienne toutes les semaines (j'ai trop d'humour, **LOL**, on est morts de rire). Il aime les belles fringues et les bijoux. Comme il est orfèvre (merci Verrocchio !), il grave des dessins stylés sur des pierres précieuses et tout le monde s'arrache ses bagues. (Sur ce dernier point, j'avoue, j'invente, mais pourquoi pas ?)

Renaissance à Florence = ÉPOQUE FASHION !

Les femmes se teignent les cheveux en blond, portent des décolletés et des talons hauts, les hommes ont des pantalons moulants aux couleurs vives.

— Normal ! On est quand même dans la future patrie de Gucci et de Prada !

T'as raison, pépé Fred. Même s'il ne roule pas sur l'or, Leo s'habille bien. Il a du succès avec le super manteau rose qu'il s'est taillé lui-même.

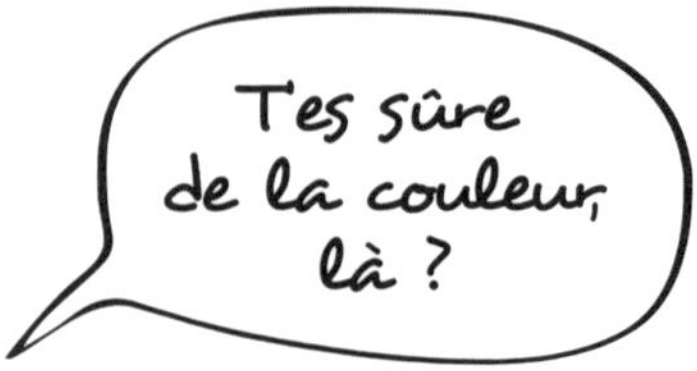

Eh oui ! Au XVe siècle, les hommes portent du rose ! Et même après, d'ailleurs.

Pour info, il paraît que c'est depuis que la princesse Grace de Monaco a habillé sa petite fille en layette rose qu'on a décrété que cette couleur serait féminine. À quoi ça tient, la mode !

Les Florentins font des fêtes incroyables. Dès qu'il y a un mariage, un baptême, un anniv', un prince étranger qui se balade par là ou une fête religieuse, **ils se lâchent !** Les Médicis dépensent des fortunes chez Verrocchio pour que l'atelier leur confectionne des masques de carnaval, des déguisements, des chars, des décors ou des machines futuristes. Leo leur fabrique un jour une colombe articulée qui s'élève sur un fil en battant des ailes : **ils adorent !**

C'est vrai que dans son autoportrait à 60 ans, Leo ressemble à un pépé fatigué… Mais à 22 ans, c'est le plus **beau gars de Florence** ! 1,95 m, musclé, visage style « Un jour, mon prince viendra », voix craquante, drôle, sympa et hyper intelligent. (Oui, bon, ça va, je vous ai dit que j'étais fan !) Il est populaire et je crois qu'il se la joue un peu. Il raconte des blagues, invente des charades, dessine des rébus, fabrique des boules puantes et il fait marrer tout le monde avec ses tours de magie.

Par exemple, il jette du vin rouge sur de l'huile bouillante, et ça fait jaillir une flamme multicolore.

En plus, il écrit des histoires, des fables, des contes et il chante super bien en s'accompagnant d'un instrument à la mode : *la lira da braccio*, l'ancêtre du violon.
Sinon, à part des fêtards, Leo fréquente des médecins, des philosophes, des savants, histoire de s'entretenir les neurones. Comme une comète a traversé le ciel de Toscane, il s'intéresse à l'astronomie. Et rien à voir, mais il se passionne pour… les canalisations !

Non ! Il a juste l'idée de relier Florence à la ville de Pise par un canal… Projet basique pour un type comme lui !
Côté boulot, vers 1479, il ouvre enfin son propre atelier. C'est la crise, il n'a pas trop de travail. La concurrence est rude, vu que Laurent le Magnifique a son chouchou, Botticelli, et qu'il fait aussi bosser Verrocchio et quelques autres.

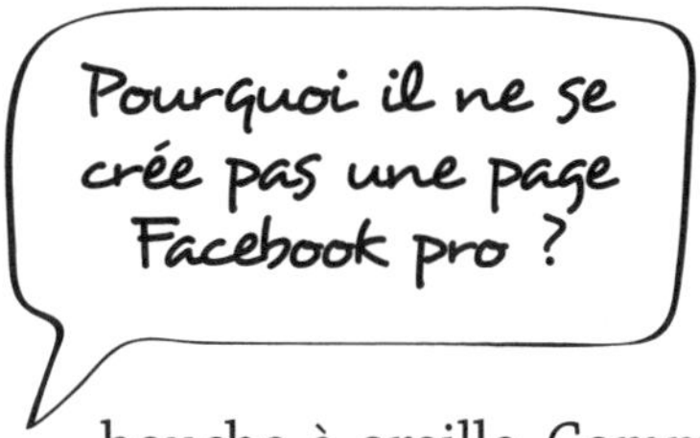

AH ! AH ! AH ! Très drôle ! Mais, tout n'est pas perdu. Il y a le réseau social de l'époque : le bouche-à-oreille. Comme son père est connu et s'occupe de sa promo, il finit par recevoir des commandes. Sûrement plus qu'on ne l'imagine.

Le problème pour nous, aujourd'hui, c'est la chasse aux œuvres de Leonardo da Vinci : il ne signait ni ne datait jamais rien, plein de tableaux se sont perdus ! Alors, quand on en retrouve un, on se bagarre pour décider s'il est de lui ou pas.

Heureusement, il y en a dont on est certains qu'ils sont de lui. Il faut absolument que je te les présente, car comme par hasard, ils révolutionnent la peinture de son temps...

1. Leo est l'un des premiers artistes occidentaux à dessiner un paysage* Ⓑ. Aujourd'hui, ça semble normal, mais à l'époque, c'était seulement des décors et pas le sujet principal.

*Appelé *Le Paysage de la vallée de l'Arno*, un des seuls que Leonardo a daté. Il a été réalisé dans le val d'Arno, à côté de Vinci, le 5 août 1473.

2. Pour la première fois dans l'histoire de la peinture, Leonardo représente une *madone* (= la mère de Jésus) sans codes religieux. Il enlève les auréoles trop grosses et trop dorées, les bijoux, les croix. Il veut juste nous transmettre l'amour de Marie pour son enfant, Jésus.

La Madone Benois

(Benois, c'était le nom du dernier proprio du tableau.)

Tout le monde a critiqué cette peinture (surtout l'Église !), mais tout le monde l'a copiée ! Même le grand Raphaël... Je dis ça, je ne dis rien.

Du coup, il faut que je te parle un tout petit peu de religion...

À l'époque de Leo, la religion est un mode de vie : l'origine de chaque chose, c'est Dieu… et lui seul !
Cette explication ne suffit pas du tout à notre artiste rebelle. Lui qui est prem's en tout, dingue de sciences et qui aime bien tout comprendre, il va sans cesse dépasser les « bornes religieuses ». Ça va lui apporter pas mal d'ennuis :

1. Il fait ses premières expériences pour faire voler l'homme comme un oiseau. ⟶ On lui dit qu'il veut placer l'humain plus haut que Dieu. Et ça, c'est impensable !

2. Il travaille la profondeur, la perspective de ses tableaux. Il s'essaie au chiaroscuro (le clair-obscur). Il met de l'émotion dans sa peinture.

→ On lui reproche d'accorder de l'importance à ce qui n'en a pas. Ses ennemis lui balancent que seul Dieu et ses symboles sont dignes d'intérêt !

3. Il fait des recherches sur la vision et l'œil.

→ C'est la cata ! Les hauts dignitaires de l'Église s'excitent sous leurs mitres :

— *Leonardo est un impie ! Qu'est-ce qu'il veut prouver ?*

— *Que l'homme est maître de ses observations, donc d'interpréter ce qu'il voit… Qu'il est libre, quoi !* leur répond Leo sans se démonter.

Alors là, ils sont **furax !**

Bref, ils n'ont rien compris.

Un exemple : vers 1480, Leo peint : **Saint Jérôme**

(Celui qui a enlevé une épine de la patte d'un lion. Ensuite, le fauve s'est pris pour un matou et ne l'a plus quitté !)

D'habitude, les peintres représentent le saint bien comme il faut dans sa bibliothèque ou dans le désert, avec le fauve (toujours le même) qui sieste mollement à ses côtés.

Maintenant que tu commences à connaître Leo, je te laisse imaginer à quoi ressemble son saint Jérôme...

T'as tout compris ! Son bonhomme est complètement agité ! Il se frappe la poitrine avec un caillou, en suppliant Dieu d'avoir pitié de lui, humble pêcheur, et le lion renchérit en rugissant avec le même désespoir que son maître.

Il est **fou**, ce Leo ! Il va encore avoir ses ennemis en soutane sur le dos parce qu'il a balancé trop d'émotion et pas assez de religion. En plus, au lieu de s'appliquer à faire un saint tout beau, tout parfait, avec son auréole et le reste, il a perdu son temps à représenter un vrai lion… d'après un modèle vivant !

— N'importe quoi ! Tu vas bientôt nous dire qu'il y avait un zoo à Florence au XVe siècle…

Parfaitement, mon petit Rémi. Les princes de Médicis possèdent une ménagerie. Ils ont un lion et même… une **girafe !** Leo se balade là, au milieu, avec son chevalet. C'est exotique, non ?

En tout cas, c'est reparti pour une nouvelle première fois : son lion est le premier peint d'après la réalité dans l'histoire de la peinture.

Voilà... On arrive à la fin de cette période où Leo passe beaucoup de temps à peindre, à faire la fête et à étudier. Il lit tout ce qui lui tombe sous la main, il s'intéresse à une foule de choses... Il est un peu déçu parce qu'il ne rencontre pas vraiment le succès, alors que tout le monde l'admire...

Moi, je crois que c'est parce qu'il est en décalage. Il innove trop, il tente trop de choses, les gens n'aiment pas qu'on les bouscule, ils ne sont pas habitués et ne comprennent pas tout, même si ça les épate.

Alors, quand enfin une énorme commande se présente, Leo est super content ! Il faut que je t'en parle, c'est important, tu vas voir. Un monastère lui demande un immense tableau de 2,50 m : **L'Adoration des mages**Ⓑ *(C'est quand des sages venus de loin viennent offrir des cadeaux à bébé Jésus.)*

Donc, Leo commence bien sagement, tout normal et tout, mais c'est plus fort que lui, ça le dépasse ! Il crée une super scène inédite, ultramoderne pour l'époque. Rien à voir avec une image pieuse. Il y a même un cheval de bataille. On dirait une séquence de film d'action. Va voir l'image dans le **BONUS**... en bas à droite de la peinture, il y a un beau garçon avec un air triste et des cheveux bouclés. Il est un peu à part du reste. C'est Leo qui s'est peint lui-même. Il a l'air mélancolique, il tourne la tête et regarde à l'extérieur du tableau, comme s'il voulait s'en échapper...

Ouais, ça se voit trop qu'il en a plein les sandales d'être là !

Tu as raison ! Son perso est comme le vrai Leo. Il n'en peut plus de Florence. Il étouffe, alors il s'en va. Comme ça, sans prévenir. Mais il a ses raisons :

⇒ les moines sont radins et le paient mal, et il a un urgent besoin d'argent ;

⇒ il a des problèmes avec la police des mœurs (je t'en reparlerai dans l'épisode 9) ;

⟹ son père vient d'avoir son deuxième fils légitime (après Antonio en 1476, est né Giuliano en 1479) ;

⟹ il est déçu, jaloux, dégoûté comme un pou sur un crâne chauve : il rêvait d'être envoyé à Rome chez le pape Sixte VI, avec les plus grands peintres de Florence, pour décorer la chapelle Sixtine, et c'est encore Botticelli et les autres que Médicis a choisis ;

⟹ Verrocchio est parti sculpter un grandiose monument équestre à Venise ;

⟹ il déprime en repeignant l'horloge du monastère pour gagner de quoi remplir le frigo qu'il a oublié d'inventer !

les moines sont radins.

Alors, ça suffit ! Il plante là son *Saint Jérôme* et son *Adoration des mages* sans les terminer. Et tant pis si on dit qu'il est le roi de la procrastination, du *non finito*, qu'il est incapable de finir une œuvre, il a déjà 30 ans et mieux à faire ailleurs ! Il a perdu assez de temps ! D'un coup, ça le prend, il boucle ses bagages et… ciao la compagnie ! Il part à…

Mystèèèère !

Pause pédalo

Du 14 au 30 avril, *100 % Bio* fait une pause YouTube, because

VACANCES DE PÂQUES !

C'est vrai, je flotte sur un nuage. Et même plus haut ! Je suis aussi béate qu'un hippocampe en lévitation dans la constellation des Poissons, une bulle de savon cascadant dans une rivière de mousse, un nain de jardin en colo chez Blanche-Neige !

1ÈRE SUPER NOUVELLE (du trimestre)

J'ai la **double** autorisation parentale pour continuer les vidéos. Pour mes notes : *C'est bien. Poursuivez vos efforts*, et j'ai remonté la moyenne de géo : **OUF !**

2ÈME SUPER NOUVELLE (du siècle)

Mon frère s'est abonné à la chaîne ! (Il l'a fait incognito, mais je connais son pseudo !)

3ÈME SUPER NOUVELLE (du mois)

100 % Bio compte déjà plus de 300 abonnés ! 308 exactement ! Waouuuh ! Pour moi, c'est ÉNORME ! Au collège, on n'arrête pas de me parler de Leo. Les gens l'adorent. Je n'arrive pas à y croire. Même le prof de maths m'a encouragée à continuer. Tu te rends compte ? Alors qu'il ~~m'ignore~~ est assez réservé avec moi d'habitude ! J'exagère un peu, mais c'est la première fois qu'il me dit un truc positif depuis le début de l'année.

Tiens, ça m'inspire une blague (un peu nulle, mais bon...) :

Quel est le comble du prof de maths ?

Réponse

C'est de ne pas calculer ses élèves !

Pour connaître la réponse, il faut que tu places un miroir en face de la phrase et que tu lises le texte qui se reflétera dedans. Ça s'appelle l'écriture **spéculaire** (en miroir). Et tu sais quoi ? Leo, c'était le grand spécialiste. Il écrivait comme ça dans ses carnets.

Les légendes de ses machines étaient en écriture spéculaire, alors les gens ont cru qu'il avait inventé un code secret et qu'il faisait partie d'une secte. En fait, non ! C'est juste un truc de gaucher : on écrit à l'envers, **de droite à gauche**, comme ça on ne barbouille pas la feuille d'encre avec le côté de notre main.

Moi, je dois être une droitière inconsciemment contrariée, parce que je n'arrive pas du tout à écrire en miroir.

Hier, on a bien avancé avec le pédalobrouteur. Émilie est venue m'aider. On a démonté la roue avant du vieux vélo de mon père et, avec ma mère, on a découpé le cadre à la meuleuse pour que l'axe de fourche soit vertical.

Ah oui, pardon ! J'aurais dû faire une maquette pour que tu te rendes compte.

Leo, tu vois, il fabriquait des maquettes à partir de ses dessins, comme ça il savait tout de suite si sa machine tenait la route (ou le ciel !).

Un jour, il s'est fâché avec Giorgio Tedesco (j'adore ce nom, ça sonne trop bien !), un de ses assistants (allemand !) qui voulait qu'il lui refile quelques-unes de ses maquettes pour les emporter dans son pays. Leo était sympa, mais pas naïf. Il s'est bien douté que l'autre voulait s'en servir pour fabriquer les machines sans trop d'effort et se remplir les poches. Alors, il lui a juste laissé quelques schémas avec des mesures. Et vu que personne ne pouvait les interpréter sans l'aide du maestro, Giorgio s'est retrouvé comme un idiot. C'était bien trop compliqué pour un gros arnaqueur dans son genre. Perso, je n'aurais rien donné du tout. 

Moi, j'utilise du matériel de récup, alors c'est plus facile, pas besoin de maquette ! Pour simplifier, le pédalobrouteur est un tricycle inversé avec des lames entre les deux roues de devant pour couper l'herbe, tu suis ?

Attends, je vais te montrer mon dessin.

Tout à l'heure, Rémi viendra nous aider à souder, et ce n'est pas seulement parce qu'il adore mettre un masque de soudeur. Tiens-toi bien, il m'a dit ça :

— Pas mal, ton idée de pédalobrouteur !

Je sais, ça n'a l'air de rien, mais venant de lui, c'est un compliment **gigantesquissime** ! Je crois que la guerre des licornes est bientôt terminée.

On pourra aussi compter sur mon père et pépé Fred pour la peinture. Ils ont acheté des combinaisons et des bombes de vert sapin. On se demande qui est le plus gamin dans cette famille ! Je sens qu'ils vont avoir l'air de Martiens, à la fin.

C'est fou ! J'ai l'impression de vivre dans une *bottega*. Tout le monde participe à la fabrication, ça va super vite, et on rigole bien.

Je crois que c'est les plus belles vacances de ma vie. Je ne m'ennuie pas une seconde et j'ai plein de nouvelles idées. Allez, je file, ils m'attendent.

ciao !

Musica & Cie !

Snif ! Mes super vacances sont terminées. Mais je suis contente de te retrouver sur *100 % Bio* ! J'ai bien rigolé parce que le jour de la rentrée, les copains m'attendaient devant le portail du collège avec une avalanche de questions :

— Nan ! La Fiat 500 à pédales ! j'ai répondu.

Allez, je suis sympa… Fin de ce long suspense…

Leo est allé faire un tour du côté de Milan, au nord de l'Italie. Enfin, un tour, façon de parler… Il y est resté 17 ans !

Heu… oui, oui, pépé Fred, mais en 1482, il y a surtout un duc (autoproclamé) *super famous* aux commandes : Ludovico Sforza. Mais on l'appelle « le More », parce qu'il ressemble plus à un Mauritanien qu'à un Suédois.

Med Isis ?… Les Médicis ? **Mouarf ! Arf ! Arf !** On est morts de rire, Rémi ! Tu l'as sortie d'où, celle-là ? L'Italie d'avant et celle d'aujourd'hui n'ont rien à voir. Au XVe siècle, ce n'est pas un pays en forme de botte, comme maintenant, mais plein de petits États, chacun autour d'une grande ville.

Chaque État a un chef différent (un duc, un prince… un puissant, quoi !) et chaque chef fait (souvent) la guerre à celui d'à côté. Bref, c'est pas la fête des voisins !

Donc, à Florence, tu as les princes florentins de Médicis, et à Milan, Ludovico Sforza, dit « le More », qui ressemble à Aladin (en moins beau, plus gros et moins jeune).

Alors, question *number one* que tout le monde se pose (peut-être !) :

Qu'est-ce que Leo va faire à Milan pendant tout ce temps ?

C'est là que ça se complique pour moi.

Parce qu'en 17 ans, un génie comme lui a eu le temps de s'occuper.

Impossible de te parler de tout, mais je me suis fait une petite liste de trucs importants (ça faisait longtemps) :

- les instruments de musique (trop bien !) ;
- les décors de fête et les spectacles (trop dingue !) ;
- la cité idéale (idéal !) ;
- les machines de guerre (trop serial killer !) ;
- une fresque et un cheval géant (géant !).

Et on parlera peut-être un peu d'amour aussi !

Voilà, comme ça, au moins, c'est plus clair (pour moi, en tout cas).

À Milan, Leo met du temps (4-5 ans) avant de commencer à être vraiment connu. Normal, vu qu'il n'était pas plus célèbre là-bas que Nanook* chez toi.

Son but est donc de se faire repérer par le More. Comme il n'arrive pas tout seul de Florence, mais accompagné d'Atalante, un élève musicien, il a l'idée d'offrir au chef de Milan une lyre d'argent en forme de tête de cheval.

J'aime bien cette invention, parce qu'elle est inspirée des instruments préhistoriques fabriqués avec de vrais crânes et de vrais organes d'animaux (morts, évidemment).

Hum... À ton avis, c'est fait en quoi, à l'origine, la cornemuse ? En vessie animale ou en Gore-Tex ?

En tout cas, la lyre plaît au duc qui aime bien la musique, les canassons et les objets uniques et précieux. **+ 1 point !**

Mais le More n'est pas un tendre et il en faut plus que ça à Leo pour le convaincre de lui donner un job à la cour.

*Nanook, c'est le nom du groupe préféré des ados au Groenland. Ne me dis pas que tu connais !

Tu te souviens que, grâce à Verrocchio, Leo sait lire et écrire la musique. Mais c'est aussi un peintre du son : il compose des **mélodies** ! Ⓑ Pour lui, c'est le seul moyen de décrire une pensée ou un rêve… J'aime cette image poétique et un peu magique.

Il chante aussi bien qu'il joue de la lyre, alors il participe à un concours de musique.

Presque ! Et devine quoi ? Comme il gagne, il se fait des contacts dans le milieu musical. Résultat : un fabricant d'instruments lui prête son atelier pour faire ses recherches.

Leo se met alors à inventer des instruments hyper astucieux et futuristes.

TOP 3
de ceux que je préfère

Nº 1 : l'orgue de papier®

L'ancêtre de l'accordéon, avec un clavier sur le côté et des soufflets en papier. Il produit un son tout doux.

Nº 2 : le tambour mécanique

Un vrai tambour d'assaut qui imite le bruit du tonnerre sur les champs de bataille. Parce qu'à la Renaissance, il y a un art qu'on adore... la guerre !

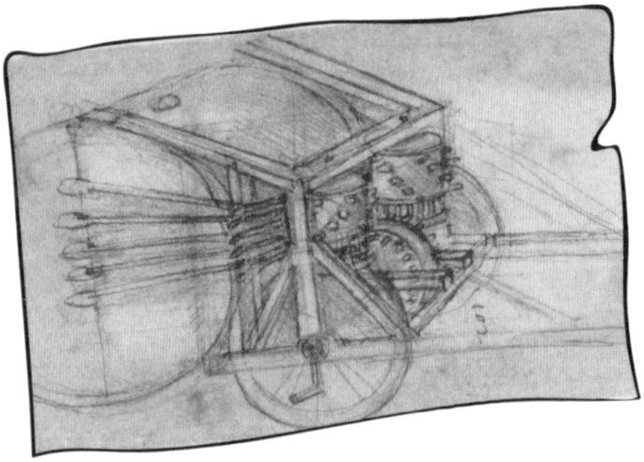

On est bien d'accord. Mais c'est une super machine avec deux rouleaux « programmables » (genre orgue de Barbarie en bois) qui activent des baguettes. Donc, le tambour peut jouer des rythmes différents préenregistrés ! Il fonctionne à l'arrêt ou en marchant, il suffit de sélectionner la bonne option. C'est top, non ?

Les voisins de Leo

COUP DE CŒUR

N° 3 : le canon musical Ⓑ

Encore un nom de guerre. Mais rassure-toi, au lieu de tirer des balles, il tire des mélodies avec un système d'engrenage qui projette des sons dans des bouches de canon. Ça donne une chanson en canon. Comme une chorale mécanique. C'est géant ! Au propre comme au figuré !

Leo a inventé des tas d'instruments. Il y a aussi la viola organista Ⓑ (un piano au son de violoncelle) et la flûte à glissando. **C'est génial !** On obtient un son continu en déplaçant les doigts le long d'une fente qui remplace les trous. On dirait une voix qui fait des vocalises, mais c'est plus joli que la Castafiore !

Leo est également incollable sur le son et l'acoustique. Par exemple, un jour, sur un bateau, il comprend que l'on peut écouter le son qui se déplace sous l'eau, et il invente l'hydrophone.

L'i-dro-Phone ? Un smartphone pour poissons ?

Méééé non ! Il découvre que le **sonar** va pouvoir exister ! Il plonge un très long tube dans l'eau, il plaque son oreille contre le bout qui dépasse, et il écoute. Tout simplement. Il fallait y penser !

Là, il s'aperçoit qu'il entend d'autres bateaux qui sont à plusieurs centaines de kilomètres. Il est épaté et il comprend que l'eau a un pouvoir énorme : le bruit s'y propage sur de plus grandes distances que dans l'air. Une baleine peut susurrer des secrets à sa copine qui nage à l'autre bout de l'océan. C'est comme un *Skype* marin sonore, **j'adore !**

Cette découverte est **méga** importante pour l'avenir. Elle sera perfectionnée et utilisée pour repérer des bateaux militaires, avec justement le premier sonar, en 1917, pendant la Première Guerre mondiale. Ce n'est pas rien, quand même ! **Ah là là**, il en avait dans la tête, notre Leo ! Mais évidemment, il ne se consacre pas qu'au son et à la musique.

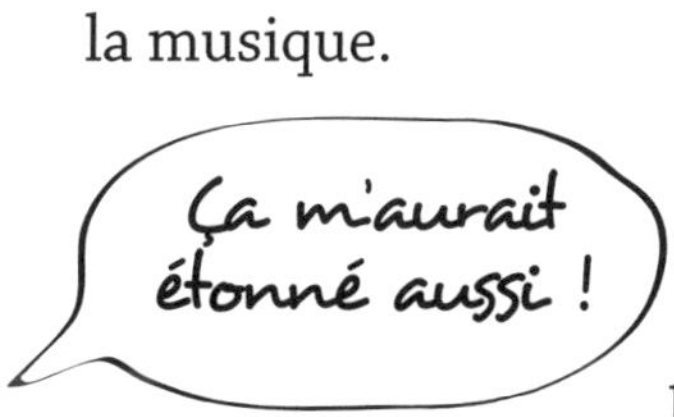

Il écrit et dessine tout ce qui se bouscule dans sa tête… Ça finit par faire des piles de feuillets, une vraie encyclopédie ! Il remplit 3 pages/jour, 7 500 en tout ! 3 800 carnets qu'on appelle des codex[B].

Aujourd'hui, ils sont conservés un peu partout en Europe, dans les bibliothèques ou les musées. Il n'y a qu'un homme qui a réussi à s'offrir 36 feuillets pour sa collec' privée, c'est Bill Gates. Heureusement pour nous, certains codex ont été numérisés, et on peut les lire en ligne.

Pendant qu'il y est, Leo fait aussi de l'architecture et il reprend ses recherches sur l'œil et l'optique. Par exemple, en 1485, il observe une éclipse totale du soleil avec un dispositif de son invention, sans danger pour l'œil, une sorte de chambre noire de poche. Et il continue à inventer des trucs à la fois dingues et marrants :

Ah ! Il y a aussi le miroir parabolique pour exploiter l'énergie solaire et le fauteuil physiothérapique.

Gazetta

30 aprile 1486

SPÉCIAL VIEUX OS

REBOUTEUX MILANAIS EN GRÈVE !

Le monde médical est en effervescence : Leonardo da Vinci vient de sortir son tout nouveau FAUTEUIL PHYSIOTHÉRAPIQUE !

Cette étonnante invention révolutionne le milieu très opaque des guérisseurs. Chacun peut désormais s'offrir un masseur à domicile.

"Depuis que j'ai mon fauteuil Physio, plus besoin de kiné, mal de dos envolé !" nous confiait Andréa Tutti-Frutti, jeune octogénaire.

Testé et approuvé par Cristoforo Colombo, le grand navigateur, qui a commandé une vingtaine de modèles pour relaxer son équipage lors de son prochain voyage d'exploration.

Avec le fauteuil Physio de Leo, vous n'aurez plus mal au dos !

L'ARM (Association des Rebouteux Milanais) menace le maestro de déposer plainte pour abus de génie.

Affaire à suivre...

J'arrête là, mais évidemment, lui ne s'est pas limité à ça !

Il l'adore trop pour l'abandonner ! Comme il habite chez une famille d'artistes-artisans, les Predis, qui travaillent souvent pour la cour et pour les monastères tout autour, et grâce à eux, il reçoit des commandes de tableaux. Il peint les portraits de nobles dames et des sujets religieux pour le clergé. Il a d'ailleurs des problèmes à cause d'un tableau :

La Vierge aux rochers

Comme d'habitude, il ne respecte pas les délais et les consignes des moines qui l'ont commandé. Il préfère le peindre à sa manière, et il s'imagine que personne ne s'en rendra compte. Mais tu penses ! Les franciscains ne sont pas contents du tout : pour eux, le tableau est raté ! Pas assez respectueux de la religion. Comme ils ont payé Leo à l'avance, ils sont furieux. Il y a un procès, et il est obligé de tout refaire ! Alors, il leur peint leurs symboles bien comme il faut, et son second tableau n'a plus d'âme ni de mystère. Tant pis pour eux !

Voici les deux versions.

Amuse-toi à les comparer !

Première version
(Louvre)

Seconde version
(National Gallery)

Comme cette histoire divertit beaucoup Ludovico le More, il lui commande enfin deux tableaux : un portrait de Cecilia*, sa favorite, puis plus tard (parce que là, il n'est pas marié) de sa femme, Béatrice, et de son fils…

Ça y est ! Leo réussit à percer à la cour, il devient une personnalité artistique de Milan. Verrocchio est mort en 1488, alors, à son tour, il décide de transmettre le savoir du maestro et ouvre sa *bottega* pour former des artistes. Il leur apprend à peindre comme lui et leur refile ses commandes.

*Ce portrait s'appelle *La Dame à l'hermine*.

Pas tout à fait ! Leo dessine les cartons, les disciples en font des poncifs (tu te rappelles ? Les petits trous !) et les transfèrent sur bois. Ensuite, ils les peignent en copiant le style du maestro (moins bien que lui, mais pas mal !) et il vient ajouter quelques touches finales. En gros, Leo crée le modèle, donne la recette, et c'est les petites mains qui fabriquent l'œuvre – comme chez les grands couturiers d'aujourd'hui !

Ces dernières années (là, on est en 1489), Milan a été ravagée par les guerres et une grave épidémie de peste : le moral des ménages est en chute libre, les gens ont besoin de s'amuser. Alors, le More nomme Leo « Grand ordonnateur des fêtes à la cour ».

À partir de là, il devient une **star** !

On en parle la prochaine fois ?

Leo, grand ordonnateur des fêtes

Teatro & Cie !

Est-ce que tu te souviens des fiestas de Leo à Florence ?

Ouiii ! Il inventait des tours de magie !

À Milan, c'est aussi le roi du one-man-show. Il imagine des poèmes et il adapte les grands textes antiques de Virgile ou d'Homère. Il les récite en rythme, *a cappella*. Il invente le slam, quoi !

Les filles doivent être dingues de lui !

Ah ça oui ! Mais lui, il préfère les garçons. Pour l'instant, il devient donc organisateur de fêtes. Il crée des perruques, des maquillages, des automates. C'est lui qui s'occupe des costumes du cortège de mariage de Ludovico le More et de Béatrice d'Este.

Mais là où il est le plus grandiose, c'est au **théâtre**. Ses spectacles sont juste parfaits. Le plus célèbre s'appelle *Paradiso* Ⓑ, il a lieu au palais Sforza, le 13 juin 1490. C'est **le premier opéra de l'histoire** !

Leo prévoit tout de A à Z, je crois qu'il joue même de la lyre sur scène, avec Atalante, pour accompagner les autres musiciens et les acteurs. Imagine :

Roulements de tambour, trompettes !

Le spectacle commence. Les danseurs masqués entrent, costumés aux couleurs des nations invitées… Voici le paradis : une magnifique sphère dorée qui s'illumine. Elle est aussi haute qu'un immeuble et constellée d'étoiles. Les six planètes*, la lune et les signes du zodiaque volent et clignotent dans les airs. Féerie et effets spéciaux.

*Au *Quattrocento*, seules 6 planètes ont été découvertes : Terre, Mercure, Vénus, Mars, Jupiter et Saturne.
Uranus, Neptune et Pluton, planète naine, ont été découvertes du XVIIIe au XXe.

Le public est émerveillé : personne n'a jamais vu une machinerie pareille ! Le décor tourne sur lui-même et les jeux de lumière sont fantastiques. Soudain, une fumée bleue semble sortir des profondeurs. Les spectateurs retiennent leur respiration... Un bruit de sabots résonne... La fumée s'épaissit, le galop s'intensifie. D'un coup, un majestueux cheval surgit du sol, comme par magie ! Il piaffe, la fumée lui sort des naseaux, c'est **un automate qui tire Apollon sur son char !** Il se cabre, le soleil se lève. C'est de la folie, le public est en délire !

Si seulement il y avait eu des photos !

Le roi de France est jaloux.

Moi aussi, j'en rêve !

Grâce à ses spectacles, Leo devient célèbre. Les ambassadeurs de tous les pays d'Europe sont fans de ses mises en scène et de ses effets spéciaux. Le roi de France rêve de posséder l'un de ses automates.

Tiens, au fait, en parlant d'automates et de machinerie de théâtre... Pendant longtemps j'ai cru que Leonardo avait inventé l'automobile...

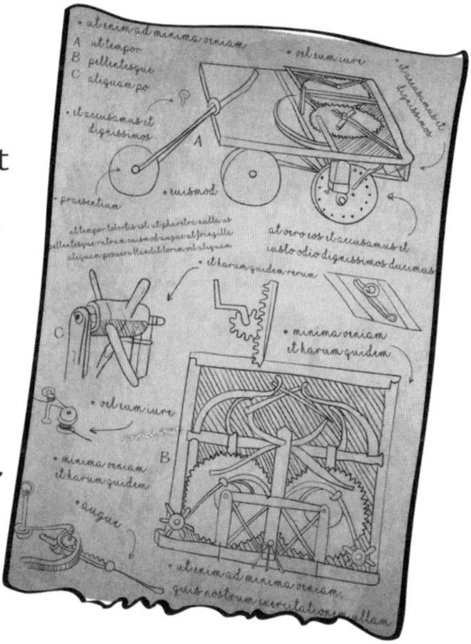

Erreur ! Ce n'était pas un prototype de voiture.

C'était un chariot autopropulsé, un robot de scène, capable de freiner, de pousser ou de tirer des automates et de créer des effets spéciaux. Imagine la tête des spectateurs du XVe siècle quand ils voient un cheval se cabrer devant le décor ou un lion bondir sur scène ! Ils doivent penser à une hallucination. Leo, c'est le Georges Lucas du *Quattrocento* !

Comme toujours, ce n'est pas parce qu'il a une activité principale que Leo ne fait pas autre chose...

Par exemple, il apprend le latin tout seul.

C'est surtout que beaucoup de livres sont en latin et que c'est la langue des gens cultivés.

En plus, il veut lire un livre d'Archimède sur les corps flottants, alors ça le motive.

Dans ses carnets, il adore écrire des listes (ça ne te fait pas penser à quelqu'un ?). Pour apprendre le latin, il note des colonnes de **9 000 mots** de vocabulaire !

— Faut être fou pour apprendre tout ça, sans y être obligé !

Attends, Rémi, ce n'est pas tout ! Il recopie des livres de grammaire entiers et il fait des exos de conjugaison comme un collégien, jusqu'à ce que ça rentre ! D'ailleurs, le « par cœur » lui donne une idée pour apprendre à ses élèves comment peindre le corps humain.

Il leur dessine plein de bonshommes avec des physionomies différentes (c'est l'as des caricatures !)

et il leur dit d'apprendre par cœur à reproduire les nez, les bouches, les yeux, etc. Par exemple, il fait 10 nez différents de profil et de face. C'est le premier système anthropométrique ! Tu sais, quand on donne tous les détails physiques de quelqu'un. Les policiers l'utilisent beaucoup.

Quand ils font le portrait-robot d'un suspect à partir d'un témoignage ?

C'est ça.

Leo en profite pour pousser plus loin le concept : il écrit un traité de peinture et de mouvements humains, et surtout, il dessine son Homme de Vitruve. Tu connais ? Il est sur les pièces italiennes de 1 euro, c'est le dessin le plus reproduit au monde.

C'est où, Vitruve ?

Nulle part ! Vitruve était un architecte latin du Ier siècle av. J.-C. Il avait une théorie :

Proportion du corps humain
= proportion parfaite
= symétrie architecturale

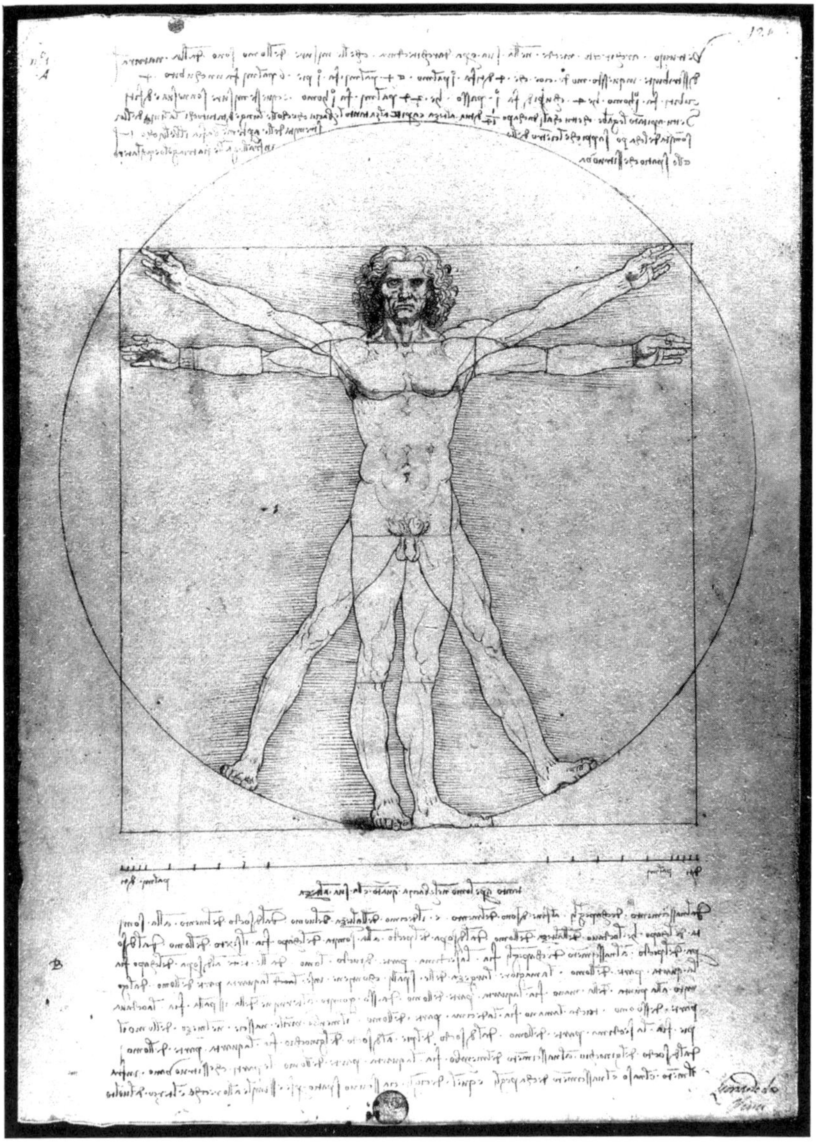

L'Homme de Vitruve

— Mouais… Tu trouves que j'ai une tête de temple romain ?

Heu… pas spécialement, Rémi… Plutôt d'amphore grecque, je dirais. 

L'Homme de Vitruve symbolise le centre de l'univers, la nature aux proportions parfaites, le modèle humain géométrique, l'architecture idéale.

Si tu places la pointe d'un compas sur le nombril du bonhomme, le cercle que tu traces passe exactement par l'extrémité de ses mains et de ses pieds.

Le carré = la Terre
Le cercle = l'univers

Le corps de l'homme appartient à la Terre ; son esprit, à l'espace. Leo adore mélanger l'art, les maths et la science.

On dirait que son bonhomme fait de la gym !

C'est vrai, Leo l'a dessiné dans deux positions différentes, alors on a l'impression qu'il bouge.

— Toujours des garçons ! Il aurait pu faire une femme de Vitruve pour changer !

J'adhère complètement, Émilie, mais tu ne crois pas qu'une fille toute nue dans cette attitude aurait choqué tout le monde, même si c'est un corps humain et rien d'autre ? L'image de la femme, au XVe siècle (et encore maintenant, parfois), est hyper pudique… On veut bien peindre des déesses nues, mais pas de vraies filles ! Et l'homme vitruvien, c'est un dessin d'anatomie, pas de l'art…

À propos de dessin, j'ai une question pour toi, sur un outil de dessinateur. Est-ce que tu sais ce qu'est un perspectographe ?

Heu… je… ben…

T'inquiète, moi non plus, je n'en avais pas la moindre idée.
C'est Clotaire qui nous a posé la question l'autre jour pendant qu'on papotait, Émilie, lui et moi, sur les inventions de Leo.
Émilie a répondu, pas convaincue :

Clotaire a rigolé et nous a expliqué :
Un perspectographe, c'est une machine à dessiner que Leo a inventée. Elle a été reprise et améliorée un peu plus tard par d'autres savants. Il faut :

Un œilleton mobile, fixé à 30 cm derrière le cadre.

Un cadre avec une plaque en verre quadrillée.

Là, c'est mon père qui teste l'invention de Leo !

On colle son œil à l'œilleton, et on décalque sur le verre ce qu'on voit à travers. Pour faciliter le travail, on copie ce qui est dans chaque carreau. Tu suis ?

C'est pas encore de la triche, ça ?

Pas pour Leo. Il se sert de cet outil pour se perfectionner.

Il fait le calque d'un objet sur la plaque en verre. →

Il s'entraîne à le reproduire des centaines de fois, jusqu'à le connaître par cœur. ⟶ Il le dessine de mémoire et sans modèle sur une feuille. ⟶ À chaque essai, il replace le calque en verre sur son dessin et corrige ses erreurs. ⟶ À force de s'entraîner, il y arrive tellement bien et vite que c'est comme s'il avait un appareil photo dans chaque œil.

Il dessine comme on écrit son nom, naturellement et sans ratures. Leo voit ou pense à un truc, et **paf !** ça passe directement du cerveau aux doigts, et des doigts à la feuille.

Il m'épate. Il réfléchit tellement qu'il trouve des recettes pour tout. Par exemple, il a un truc pour ne jamais être à court d'imagination :

RECETTE LÉONARDESQUE
pour ébullitionner ses neurones
CRÉATIFS

- **Trouver un mur en pierre, ou taché** *(pas nickel, quoi !)*.
- **Le contempler en le fixant bien** *(genre hypnose murale profonde)*.
- **Dans les imperfections de la surface, deviner des visages, des paysages, des personnages** *(pour les plus doués : voir des mots et entendre des sons)*.
- **Sentir sa bécane intérieure ronronner de bonheur** *(façon bonze au soleil)*.
- **Laisser les engrenages accélérer** *(comme le scooter de mon frère)*.
- **Se remettre au boulot dare-dare, parce que la matière grise se prend pour un hamster olympique et mouline à fond.**

Honnêtement, il devait un peu fumer sa tisane, Leo, parce que ça ne marche pas trop, son truc. ☹

J'ai essayé pourtant. J'ai regardé à fond le mur de ma chambre. Je me suis bien concentrée sur les microreliefs du plâtre et j'ai tenté de laisser les pensées et les images artistiques m'envahir...

Eh bien, à part la phrase : « Y a vraiment plein de défauts sur ce mur », rien n'est arrivé.

J'ai respiré un grand coup et je me suis encouragée en faisant craquer mes orteils : « Vas-y, Mél', renonce pas ! »

J'ai refixé la surface.

Et là, un papillon de nuit obèse est venu se coller sur le mur, pile devant mes yeux !

Mais carrément PILE DEVANT !

Je ne te dis pas la panique ! J'avais le sang complètement figé et le corps aussi flasque qu'une limace hypoglycémique. Je ne sais pas comment j'ai fait, mais j'ai réussi à reculer. Hyper lentement. D'un coup, j'ai ouvert ma porte et je me suis sauvée dans les escaliers en la claquant derrière moi pour qu'il ne me poursuive pas !

Oh, ça va, hein ! J'ai horreur des insectes avec trop de pattes, d'ailes et d'antennes, j'ai dit !

Je ne suis pas mûre pour être discepolo de Leo, c'est clair. Bon… ça m'a crevée de te raconter mes aventures, je te laisse. Je suis tellement traumatisée que je ne sais même plus de quoi je voulais te parler dans le prochain épisode. T'auras qu'à y jeter un œil. Enfin… si le **MONSTRE** ne m'a pas dévorée avant…

Idéale !

Salut, petite chenille avide de savoirs ! (Heureusement, le papillon de l'autre soir est parti sans laisser d'adresse... Vraiment flippant, lui !) On en était où, déjà ?

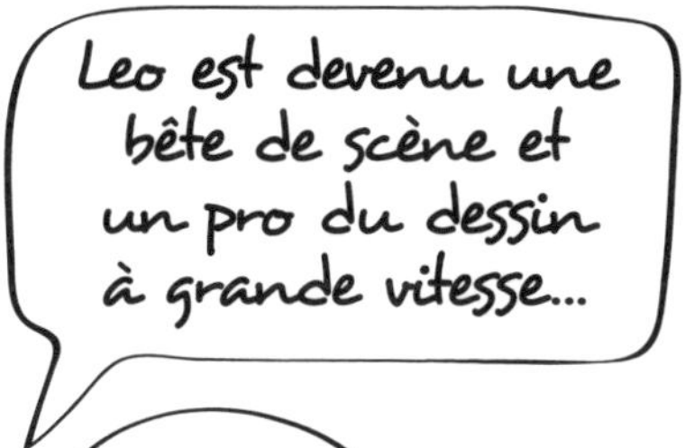

Oui... on peut le résumer comme ça. C'est le moment de te parler d'urbanisme.

Mais oui, rien de compliqué : l'urbanisme, c'est l'aménagement de la ville, les rues, les quartiers, les carrefours, tout ça... Ce genre de trucs fascine complètement Leo, qui va inventer des machines bizarroïdes à leur tour fascinantes. Je ne sais pas toi, mais moi, j'adore !

Ludovico le More a enfin compris qu'il a un génie chez lui, alors il nomme Leo *ingeniarus ducalis*. C'est-à-dire qu'il est à la fois ingénieur militaire (je t'en parlerai tout à l'heure) et ingénieur civil/architecte à la cour de Milan. **Pas mal !**

Il s'occupe des travaux de rénovation du château et il a de bonnes idées. Par exemple, il installe la climatisation dans le boudoir de la duchesse. Fastoche : une roue à aubes qui refroidit un bassin couvert et un grand soufflet qui injecte l'air frais chez la dame. On le consulte aussi très souvent pour moderniser des palais, bâtir des monuments publics... Il donne même des conseils pour la construction de la cathédrale de Pavie qui attire plein de touristes aujourd'hui.

Quand il arrive à Milan, il décide de relooker la ville, rien que ça ! Alors, il dessine les plans de la **cité idéale** !

Je te pose le décor : Milan, au Quattrocento, c'est une ville riche mais encore médiévale. En quittant Florence,

Leo a l'impression de changer de pays. La langue y est différente, la lumière aussi, rien n'est moderne… À sa place, je n'aurais pas trop envie d'y habiter :

Leo est dégoûté. Lui qui déteste la saleté, il est servi ! Mais tu le connais, dès qu'un truc cloche, il trouve une solution. À son avis, il n'y en a qu'une : raser Milan et **tout reconstruire** !

Ouep ! Et surtout, il ne veut pas faire du joli à la place du moche : idéal pour lui, ça ne veut pas dire beau, mais **pratique**.

Comme il adore étudier le corps humain, il se dit que les problèmes d'urbanisme et les problèmes d'organisme, c'est kif-kif. Exemple :

ORGANISME Veine bouchée ⟹ le sang ne circule plus = infarctus.

Solution : y en a pas. Au XVe siècle, t'es foutu !

URBANISME Rue étroite bouchée ⟹ on se piétine les uns les autres = on s'asphyxie.

Solution : élargir la rue pour mieux circuler (l'autoroute, quoi !). Espacer les bâtiments pour éviter le surpeuplement. Partager la ville en plusieurs agglomérations = la décentralisation !

Pour tout, Leo a un remède :

Creuser des caniveaux pour récupérer les eaux usées et des canaux souterrains pour les évacuer.

Créer des latrines avec abattants relevables, comme les WC de maintenant + escaliers en colimaçon pour éviter les pipis dans les coins.

Il pense aussi relier Milan à d'autres cités grâce à des canaux d'eau potable et de transport de marchandises. Pour ça, la cité idéale doit obligatoirement être entourée d'une rivière.

Bien sûr, quand Leo imagine sa ville moderne, pleine de canaux, il invente les machines qui vont avec :

⟹ Des ponts Ⓑ, comme le pont démontable ou le pont tournant.

Et le pont à double travée.

Deux voies de passage séparées : une en haut, l'autre en bas, pour une meilleure circulation.

Des écluses à double porte ⟹ les bateaux peuvent monter ou descendre d'un canal à l'autre (comme des escaliers d'eau !).

Des bateaux ⟹ le premier pédalo : on pédale, et deux roues à aubes tournent de chaque côté de la coque et la font avancer !

Tout ça l’amène à réfléchir à un truc impossible :

MARCHER SUR L’EAU

Le problème, c’est qu’entre le rêve et la réalité, il y a une grande palme ! Pour marcher sur l’eau, il faudrait :

- avoir les pieds aussi larges qu’un parapluie ouvert ;
- à chaque pas : lever les orteils jusqu’à l’oreille.

Je parie que Leo a observé pendant des heures une araignée d’eau courir sur un étang et qu’il s’est dit :

— *Pourquoi pas l’humain ?*

Alors, il a dessiné des skis de randonnée marine : des flotteurs allongés pour les pieds et des cannes avec bouées au bout pour se stabiliser. Sauf que l’eau, c’est pas

la neige et qu'il faut avoir un sacré équilibre pour tenir sur ces engins sans chavirer. Remarque, si ça se trouve, ce sportif de Leo y est arrivé ! On ne saura jamais.
Moi, ma ville idéale, je ne l'ai pas dessinée sur l'eau, mais dans les arbres : branches-bibliothèques, fontaines naturelles dans les troncs, ciel écran de ciné, hamacs familiaux et terrasses panoramiques avec vue sur la canopée. **Le rêve !**

Le seul truc qui ne me plaît pas trop dans celle de Leo, c'est qu'il veut séparer les classes sociales avec des niveaux : en haut, les rues des nobles ; au-dessous, celles du petit peuple. C'est construit de manière à ce que les gens d'en haut ne croisent jamais ceux d'en bas. Il envisage de loger à quel étage à ton avis ? 

Absolument. Un mauvais point pour lui ! Bon… on lui pardonne. Car sa « cité idéale » ne se fera pas, elle en restera au stade « urbanisme-fiction ». Il est comme ça, Leonardo. Il invente des trucs super et après il ne les partage pas, comme s'il avait peur qu'on lui dise non, ou comme si ça n'avait plus d'importance une fois que c'est bien pensé...

C'est bizarre, il est sûr et pas sûr de lui en même temps... Quand il a fini de réfléchir à une chose, il passe à une autre.

Jusqu'à maintenant, on a parlé musique, peinture, théâtre, inventions ou architecture, mais depuis qu'il est à Milan, Leo est dingue d'ingénierie de guerre.

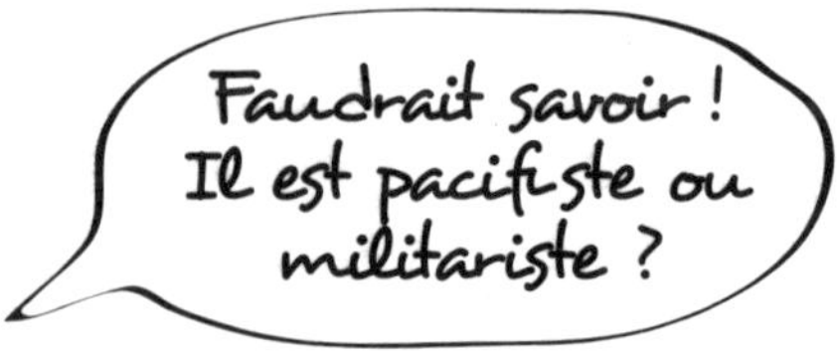

Les deux ! Ça a l'air complètement contradictoire, mais peut-être que pour lui, inventer des systèmes pour se battre ou se protéger, c'est aussi préserver la paix et la liberté ? Enfin, on va dire ça...

En partant de Florence, Leo a écrit une lettre à Ludovico Sforza. Il lui a dit qu'il savait construire de quoi défendre et attaquer, qu'il était le meilleur ingénieur militaire de l'époque et qu'il pouvait faire de Milan une cité imprenable. Il lui a aussi dressé une liste de toutes les machines de guerre qu'il était capable d'inventer et de toutes ses immenses qualités.

Il était en mode crâneur, quoi !

Il savait à qui il s'adressait. Le More, c'est pas Bambi : il a obtenu le pouvoir en tuant son propre frère. Avant d'être le chef, il était pillard et *condottiero*, mercenaire si tu préfères. Il n'a même pas officiellement le titre de duc. Son palais est une forteresse (il a inspiré l'architecture du Kremlin !), la place d'armes peut contenir 3 500 soldats et sa tour renferme tellement de richesses que les rois de France et d'Angleterre bavent d'envie quand ils y pensent.

Ludovico est jaloux des Médicis et avide de gloire. Il veut faire de sa ville la plus puissante rivale de Florence, alors ça l'arrange bien qu'un maître florentin lui propose ses services !

— À TAAAABLE !

— Pas la peine de crier si fort, mam' ! Je suis à 3 cm de toi ! Bon... j'ai compris, j'éteins la caméra ! Hum... va falloir que je te laisse... Les machines de guerre, ce sera pour plus tard. BON APPÉTIT !

#épisode 8

Genius of war

Avis important !

L'ambiance d'aujourd'hui sera plus *American Sniper* que *Les Tuche*...

Je ne sais pas si tu te souviens, mais l'Italie de la Renaissance n'est pas trop *peace and love*. Comme il y a toujours un État en guerre contre un autre, les ingénieurs se creusent la tête et inventent des systèmes futés pour ratatiner l'ennemi. Je ne te dis pas la motivation de Leo.

Il est déchaîné !

C'est dans la *bottega* de Verrocchio que ça a germé dans sa tête bien faite...

Aujourd'hui, mon frère joue à *Call of Duty* sur sa Play et se prend pour un super-sniper ! Mais pour Leo, ce n'était **pas** du virtuel : avec un maestro premier bronzier de la ville qui lui a donné toutes ses recettes d'alliages, il a vite appris à fabriquer des canons et des boulets.

Ensuite, il est allé visiter les arsenaux de Florence et il a dévoré les bouquins sur le sujet. Alors, ses connaissances + son imagination hyper productive, je ne te dis pas ce que ça donne ! Il couvre ses carnets de dessins de forteresses et d'armes de destruction massive.

UN VRAI KILLER-DESSINATEUR !

Pour te mettre dans l'ambiance, on a écrit un petit scénario avec Émilie... C'est de l'impro, on n'est pas des spécialistes de la guerre. L'idée, c'est juste de se faire un petit délire avec les inventions militaires de Leo et ses vrais dessins.

ATTENTION !
CERTAINES SCÈNES PEUVENT HEURTER LA SENSIBILITÉ DES PLUS JEUNES.

LES PERSONNAGES :

 **Giuseppe Mascarpone**
(prince au nord-est de l'Italie)

 **Teobaldo Barilla**
(duc au nord de l'Italie)

LE CONTEXTE :  *gagne toujours à la guerre contre* *. Du coup,*  *décide de se venger en testant les nouveaux jouets de combat que lui a fabriqués son pote Leo (qui est aussi l'ami de* *, mais ça, il l'ignore).*  *assiège discrètement la ville de son adversaire avec son armée et attaque*  *en traître, un dimanche, dès l'aube, à l'heure où blanchit la campagne.*

: Ce gros poulpe de Giuseppe fait sûrement la grasse matinée. Je vais lui offrir un réveil vitaminé ! **Hin ! Hin ! Hin !** *(Aux soldats.)* Chargez les bombardes ! On va lui déchiqueter les tentacules avec nos boulets explosifs ! **Feu !**

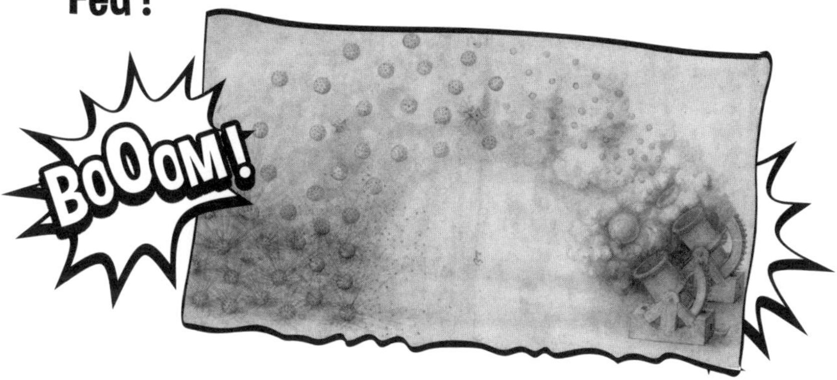

Hurlements dans la ville, réveillée en sursaut. se reçoit le baldaquin de son lit sur le crâne. Deuxième bombardement. Les cris redoublent au-dehors. se dégage du lit en miettes et se précipite à la fenêtre.

, *ajustant sa lunette d'approche* : Encore un coup de Teobaldo ! **Rhââ !** Il va voir ce qu'il va voir ! *(Appelant sa garde.)* Les gars, qu'attendez-vous pour riposter ? C'est pas pour rien que Leo m'a fabriqué la catapulte à tir rapide !

LA GARDE : Elle est prête, Signore ! On a aussi armé l'arbalète géante !

: Allez-y ! Larguez les flèches XXL ! Aplatissez-moi cette face de chacal !

Des centaines de flèches s'abattent sans discontinuer sur l'armée de . Débandade dans les rangs.

Garde qui arme la gigantesque arbalète

, *furieux :* Qu'est-ce que c'est que cet engin de la mort ? À tous les coups, c'est Leo qui lui a fabriqué ça ! **Aïe !**

est légèrement blessé : une flèche lui a entaillé le gras de la fesse gauche. Furieux, il grimpe dans son blindé et décide d'attaquer à l'arme lourde.

, sortant la tête du tank, à ses soldats :

Bougez-vous, bande d'escalopes panées ! Armez la batterie d'artillerie et balancez-leur la totale !

LES SOLDATS : Bien, chef ! Oui, chef !

Les projectiles s'abattent en pluie sur la ville. La population est réduite de moitié. est hors de lui (et de portée) dans son QG d'observation. Il tremble de rage, l'œil collé à sa lunette.

: Qu'est-ce qu'il fiche dans sa tortue à bouclier, ce crétin ? C'est ridicule ! Il n'avance même pas, son engin !

LA GARDE : C'est parce que les roues tournent dans des directions opposées !

C'est vrai :
Leo a dessiné exprès le montage des roues à l'envers pour ne pas se faire piquer son idée !

LA GARDE : Alors ? On fait quoi, Signore ?

, *survolté :* On lance les chars à faux et on les décapite ! Je ne veux plus voir une seule tête sur le cou de ces rats moisis ! Qu'on leur coupe les pattes pendant qu'on y est !

Les chars réduisent l'armée de en bouillie sanguinolente.

, *retranché à l'arrière :* Il se croit malin, le Giuseppe ? Heureusement que j'ai prévu des renforts !

, *aux soldats planqués derrière les buissons :* Allez, c'est votre tour ! Grouillez-vous de jeter les échelles contre la muraille ! Cette fois, on va trancher dans le lard ! À l'abordaaage !

LES SOLDATS : Heu... chef, on n'est pas sur un bateau, là...

, *agacé :* Oui, bon, ça va... **À l'attaaaque !**

L'armée de secours de s'élance dans la prairie, échelles sous le bras. En un rien de temps, elles sont dressées contre les murailles, déjà bien endommagées par les tirs précédents. La garde de court le prévenir de l'attaque imminente. est mort de rire.

, *mort de rire (mais là, ça ne se voit pas) :* Cette triple andouille ne sait pas que Leo a équipé mes murailles du système push-out* ! *(À sa garde.)* Attendez qu'ils montent assez haut et flanquez-les par terre !

LA GARDE, *réjouie :* Génial, Signore, on va s'éclater !

*Qu'est-ce que le système «Push-out» ? Patience ! Tu le sauras à la page suivante !

: S'il reste des survivants, arrosez-les d'huile bouillante ! Rien ne vaut les bonnes vieilles méthodes ! Mais ne tuez pas Teobaldo, j'adore jouer avec lui !

*La garde de repousse les échelles grâce au push-out** Ⓑ *de Leo. Les soldats de agonisent, tandis que la garde en remet une couche en les arrosant d'huile frémissante. Fuite de , paniqué, talonnant un cheval noir.*

*Push-out : nom anglais donné par Giuseppe à la géniale invention de Leo (traduction = « pousser dehors »). Pour repousser les échelles de l'ennemi, Leo planque une barre métallique horizontale sous les créneaux de la forteresse. Grâce à un double mécanisme de poulies, on propulse cette barre en cas d'attaque : l'assaillant tombe dans le vide en poussant un hurlement de désespoir avant de recevoir son échelle sur le crâne... Chance de survie : 0,0000000001 %.

Quelques heures plus tard...

exténué, mais furax, retrouve Leo dans sa bottega.

, hurlant, à Leo : Je suis sûr que tu as refilé de nouveaux engins à Giuseppe ! J'ai reconnu ton style. À cause de toi, il m'a **ENCORE** battu !

LEO : J'avoue, je l'ai équipé récemment. Il fallait bien équilibrer le combat. Je t'avais bien dit d'utiliser le sous-marin et le scaphandre ! Tu avais toutes tes chances, Giuseppe a le mal de mer et sa flotte est complètement naze !

, réfléchissant, puis affichant un sourire machiavélique : C'est vrai, ça... la prochaine fois, je les prendrai... **Hin ! Hin !** Mon petit Giuseppe, la revanche sera **terrible !** Tu vas apprendre qu'il y a deux sortes de bateaux, les sous-marins... et les cibles !

THE END

Peace and love !

Alors ? Tu as aimé notre petit film ? Avec Émilie, on planche sur la suite. On va l'appeler **BATAILLE NAVALE**, car Leo a aussi dessiné une collection de bateaux de guerre. Même quand il n'invente pas directement, Leo fabrique une seule machine avec trois ou quatre engins existants pour alléger le travail des hommes ou des animaux. Il était vraiment en avance sur son temps. Dommage, la révolution industrielle n'aura lieu que 250 ans plus tard… En attendant, les machines de Leo sont bien trop perfectionnées pour les sources d'énergie de l'époque.

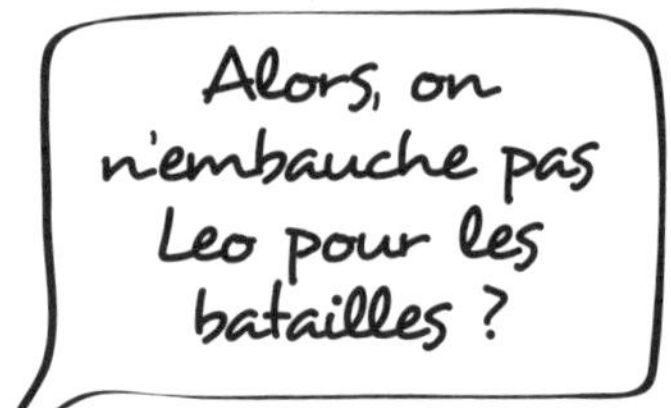

Si, si ! Sforza écoute ses conseils, mais toutes les inventions dingues qui nous épatent maintenant en restent à l'étape dessins : **la machine en entier, une vue éclatée et le détail de chaque pièce du mécanisme**. Les premiers dessins industriels ! C'est super moderne et minutieux et ça nous permet maintenant de reproduire ses inventions en 3D !

Moi aussi, je me le demande. Par moments, on dirait un ingénieur hyper doué en dessin et d'autres fois un peintre reconverti en ingénieur… Je comprends de mieux en mieux pourquoi on l'appelle « le génie universel ».

De toute façon, pour l'instant, c'est la paix à Milan… On est en 1492, et c'est la belle vie pour Leo : il a des chevaux et plein d'autres animaux (chats, chiens, singes, perroquets, etc.), des serviteurs, des apprentis et des assistants doués pour l'aider dans ses recherches. Il habite une maison immense avec de grandes fenêtres, mais de petites pièces (pour mieux se concentrer). Son atelier est nickel et il possède une *fabrica* pour ses machines et ses expériences.

Presque ! Un grand seigneur, en tout cas : quand il peint, il s'entoure même de musiciens, de chanteurs et de bouffons.

Il a plein de commandes. Il est vraiment devenu *the artist* à Milan. Et comme il est bien assisté, il peut accepter tout ce qui se présente et ne faire que ce qu'il aime.

Tu l'as dit ! Pour lui, ces années-là, c'est la spirale montante, non seulement dans sa vie privée, mais aussi dans sa manière de travailler.

Exemple

Travaille sur le mécanisme de la vision ↘ Découvre le cristallin de l'œil ↙ Invente les premières lentilles de contact ! Mais il ne peut pas les tailler :^(→ Étudie la nature de la lumière ↙ Découvre le principe de la vision stéréoscopique (on voit en relief !) → Pense à la première lunette d'approche (100 ans avant que Galilée l'invente !) ↗ Expérience en chambre noire : études des ombres ↙ Découvre, qu'au-delà de l'atmosphère, c'est la nuit infinie ! → Comprend que les couleurs existent pour nous grâce au soleil ↘ Recherches sur les techniques de peinture ↗ Mouvements de l'eau ↙ Propagation des sons ↗ Papote avec les baleines d'Alaska ! (Fake !)

Il est heureux à Milan, il note même dans ses carnets :

« *L'amour me donne du plaisir.* »

De **Salaï**.

En réalité, ce garçon s'appelle Giacomo. Il est entré au service de Leonardo quelques années plus tôt. Il est beau comme un ange, avec de longs cheveux bouclés. Leo lui demande de poser pour de nombreux tableaux. Le plus célèbre, c'est celui-ci (mais il le peint bien plus tard) :

Saint Jean-Baptiste

Pourquoi Leo ne l'appelle pas Giacomo ?

Parce que ce garçon est une vraie peste ! Dans ses carnets, Leo écrit sur lui : « *Voleur, menteur, têtu, glouton.* » Il pique les outils des assistants, l'argent du maestro pour s'offrir des bonbons, il vend même en douce des œuvres de Leo ! À lui tout seul, il provoque des révoltes dans l'atelier. Alors, Leonardo le surnomme Salaï (mot d'origine arabe qui veut dire « démon »). Il le punit et note tout ce que lui coûtent les bêtises du garçon… Mais il lui pardonne toujours, lui achète des habits luxueux et se donne du mal pour lui apprendre à peindre, même si ce petit diable est aussi doué pour la peinture qu'un veau pour la calligraphie. Salaï l'accompagnera dans tous ses voyages, Leo l'inscrira même dans son testament.

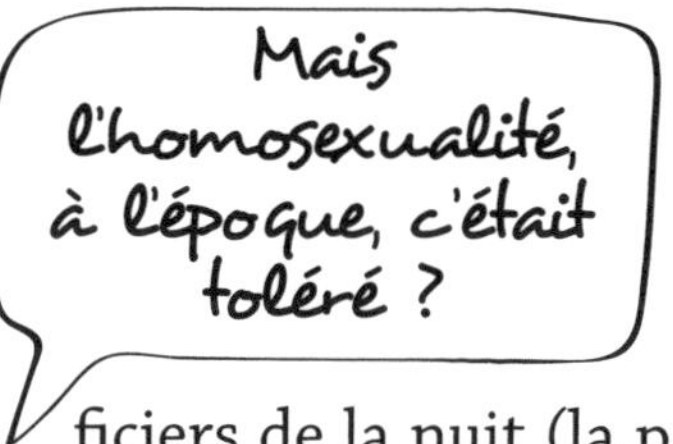

Ah non, pas du tout ! Tu te souviens que je t'ai dit que Leo avait eu des problèmes avec les officiers de la nuit (la police des mœurs) juste avant de quitter Florence ? C'était pour ça. Il a même été emprisonné. Derrière les barreaux, il a dessiné les plans d'une machine pour détruire les murs d'une prison... **de l'intérieur !**

Non, il avait des amis haut placés et il y a eu un non-lieu... Depuis ce sale moment, il a juré que sa vie privée serait une forteresse, et il avance masqué. À part quelques notes sur Salaï dans ses carnets, on ne sait rien. Mais pas besoin de beaucoup de mots pour comprendre qu'il tient énormément à lui.

Cheval géant

Tu ne devineras jamais où j'ai été !

Indice : → 

Ouiiii ! Pépé Fred m'a emmenée passer le week-end à Milan ! Il est trop gentil ! Ce n'était pas complètement désintéressé, il n'avait plus de chaussures potables dans son dressing. Enfin, d'après lui.

On s'est gavés de risotto au parmesan et d'escalopes milanaises, on a évidemment passé des heures dans le Quadrilatere d'Oro, le quartier de la mode, et ensuite j'ai eu droit à mon tour spécial Leo ! *Dolce vita !*

Château Sforza

Statue de Leo devant la Scala, l'opéra.

Pinacothèque Ambrosienne où il y a le Codex Atlanticus.

J'ai adoré :

Copie du cheval géant de Leo
devant l'hippodrome. Trois ans de travail et 60 artisans !

Je ne savais pas qu'il y avait une reproduction moderne du Gran Cavallo de Leo.

Voilà le sien !

Il faut que je t'explique. De 1491 à 1494, Leo travaille à **la plus grande statue équestre du monde**, en hommage à Francesco Sforza, le papounet chéri du More.

En réalité, il s'y est mis bien avant, il espérait déjà cette commande en arrivant à Milan.

— Normal, le cheval, c'est son dada !

Ah ! Ah ! Ah ! Ça oui, Rémi ! Il passe des heures à mesurer et à dessiner les chevaux dans les écuries princières*.

*Tu veux en savoir plus ? Va voir à la fin de l'épisode !

Regarde comme c'est beau :

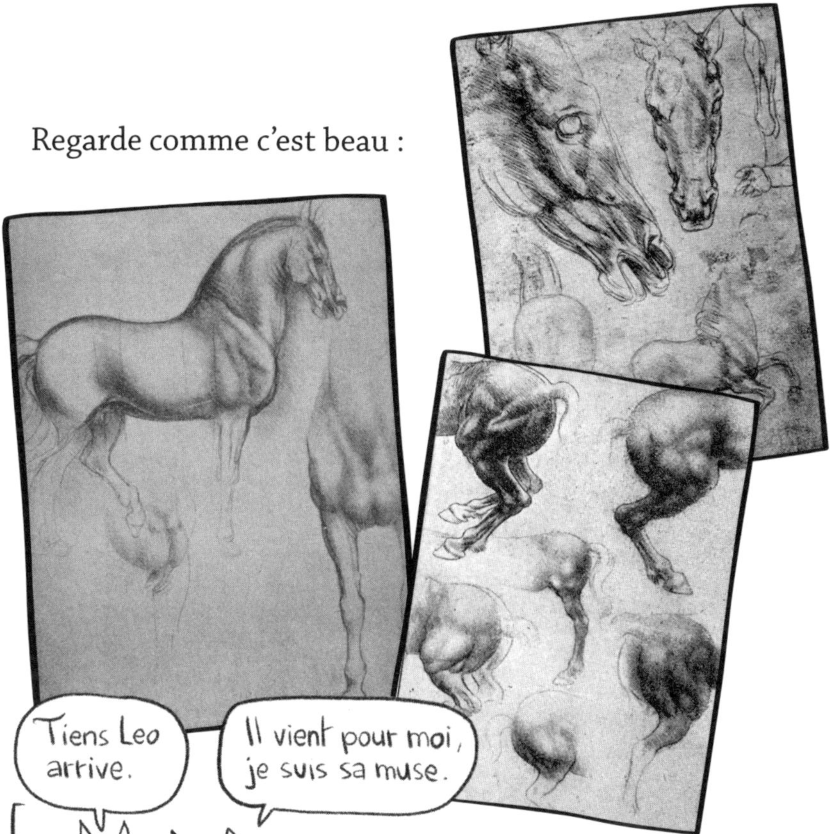

Ensuite, il fabrique un grand cheval en argile de 7,20 m de haut, qui fera le double avec le cavalier et le socle.

L'œuvre est tellement magnifique qu'elle inspire des vers aux poètes de la cour. Tous ceux qui voient la statue sont scotchés ! La gloire de Leo se répand une fois de plus dans toute l'Italie.

C'est ensuite que ça se corse. Parce que faire un modèle en terre, c'est bien joli, mais va falloir passer aux choses sérieuses : fabriquer le même en bronze ! Et là, vu la taille de la bête, c'est compliqué. Leo se dit qu'il va commencer par fabriquer un moule en terre cuite ou en bois à partir de son modèle. Puis il tentera de couler sa statue d'un seul bloc, pour éviter tous les rafistolages très moches.

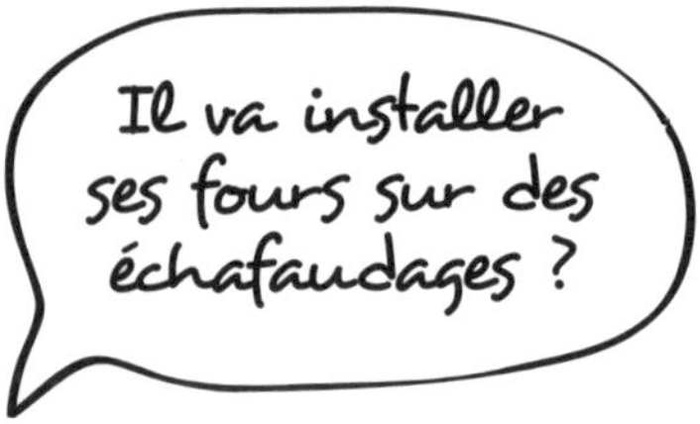

Bonne idée ! Mais il préfère creuser une giga-fosse pour y mettre le moule avec des fours tout autour. Problème : si le moule est enterré à l'envers, tête en bas, ça ne tient pas. Le trou est trop profond et atteint la nappe phréatique. Il faut qu'il le mette sur le côté… Il dessine des engins pour extraire le cheval de la fosse, de nouveaux fours, des systèmes d'aération… Il passe un temps fou à tout préparer. Il fait même des répètes générales avec des maquettes et des mini-fours !

Le More est tout fiérot ! Cette statue sera l'emblème de sa puissance et de sa gloire. Surtout maintenant qu'il a acheté son titre ducal (ça veut dire qu'il est enfin duc officiellement). Ses sujets l'ont acclamé (plus ou moins contraints), il se sent trop fort.

Donc, tout est prêt pour fondre le *Gran Cavallo* quand la catastrophe arrive... Le 5 septembre 1494, le roi français, Charles VIII, entre en Italie. C'est un petit bonhomme, pas très beau, un peu excité, mais qui a la plus puissante armée d'Europe. Le More essaie de faire copain-copain avec lui et donne des fêtes en son honneur, mais il se méfie... Il a raison, parce que l'autre ne se gêne pas pour envahir Naples, au sud de la péninsule. Grosse panique ! Va falloir qu'il se calme, le p'tit *Francese* ! Les autres États s'arment en vitesse et Ludovico aussi. **Horreur pour Leo !** Les 72 tonnes de bronze du *Cavallo* sont utilisées pour fondre des canons. Une fois de plus, tous ses projets tombent à l'eau.

Plouf !

Oh non ! Pauvre Leo !

M'en parle pas, il est dégoûté. Il écrit même au More pour lui reprocher de préférer les armes au cheval.

Mais Ludovico ne pouvait pas acheter du bronze en plus ?

Eh non ! À force de dépenser à tort et à travers, les ducats ont fondu comme glace italienne au soleil, les caisses sont presque vides.

Alors, c'est la guerre ?

La première guerre d'Italie. Mais les États s'allient (c'est la ligue de Venise) et Charles VIII se sent vite isolé. Il se dit que finalement l'endroit n'est pas très sûr, et il rentre en France… **Tout ça pour ça !**

Ouaiiiis ! Y a plus qu'à refondre les canons pour le cheval !

Ce serait génial, mais ça ne marche pas dans l'autre sens. Du coup, l'histoire du *Gran Cavallo* s'arrête brutalement. Pour compenser la déception, le More commande à Leo une fresque de la Cène pour décorer le mur du réfectoire d'un monastère…

Le dernier repas de Jésus où il annonce à ses disciples que l'un d'eux va le trahir (tu sais, Judas…). L'ambiance n'est pas hyper détendue et il y a du monde à caser autour de la table (13 personnages). C'est encore un sacré boulot qui attend Leo ! **La fresque sera immense** et, évidemment, il décide d'en profiter pour tester ses théories picturales et scientifiques. Il mettra presque trois ans pour la terminer, et tu vas voir, c'est encore toute une histoire !

*Note concernant les écuries des nobles : pendant qu'il s'y balade, Leo regarde les chevaux sous toutes les coutures et, en même temps, il en profite pour imaginer des améliorations techniques. Il dessine les écuries modèles :

Le paradis des chevaux !

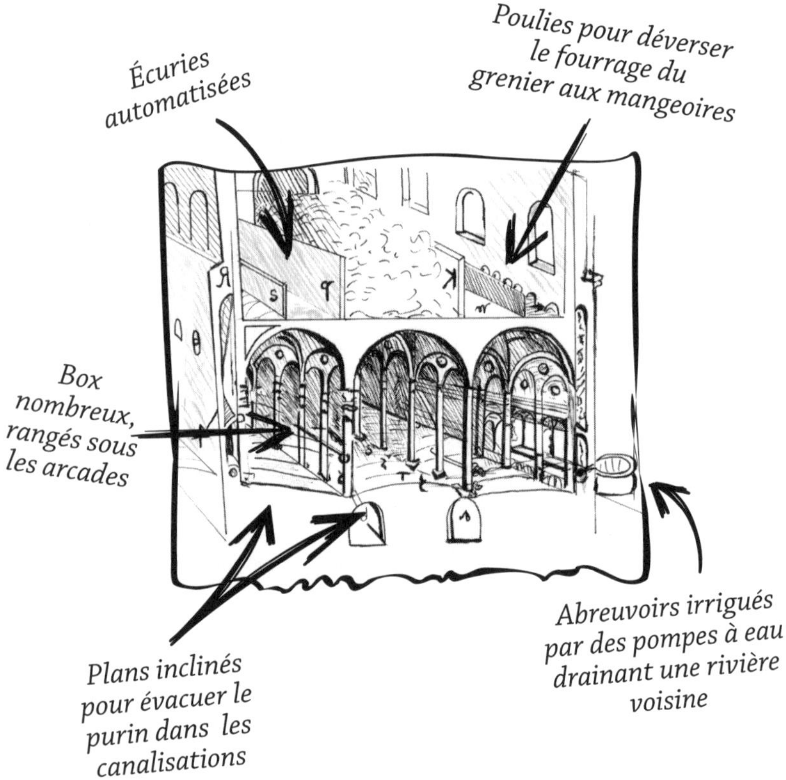

Fresque or not fresque ?

Chut !

Parle moins fort ! On est en 1497, dans les mauvais quartiers de Milan.

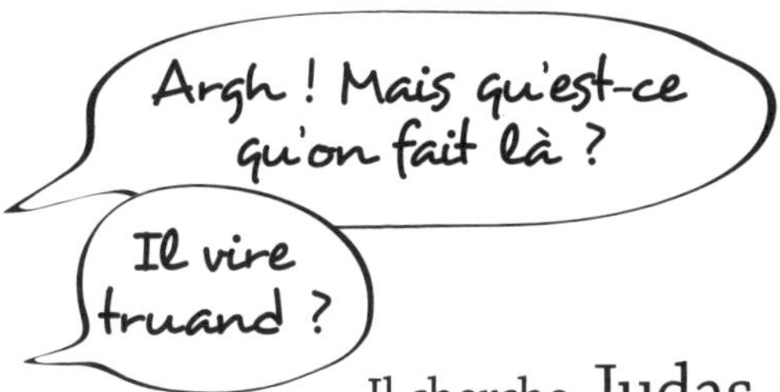

On espionne Leo.

Il cherche Judas. Sa fresque de la Cène a bien avancé (au bout de 2 ans et demi !). Il a peint Jésus et onze apôtres, mais le corps du traître n'a toujours pas de tête. La nuit, Leo traîne dans les tavernes en espérant tomber sur la trogne de canaille qui pourrait l'inspirer.

Le prieur du monastère en a ras la capuche de dîner au milieu des échafaudages, il trouve que le Vinci est un grand fainéant et il passe son temps à se plaindre auprès du More, qui lui-même commence à râler. Ça énerve Leo, tu n'as pas idée ! Alors, il menace :

— *Si le moine ne me laisse pas travailler peinard, j'abandonne mon casting et c'est sa tronche que je peindrai pour le Judas !*

Ludo est mort de rire et l'autre se calme illico. En réalité, cette fresque n'est pas vraiment une fresque. Normalement, il faut peindre sur de l'enduit frais. Ça provoque une réaction chimique qui fixe la couleur sur le mur. Mais pour ça, le travail doit être terminé très vite.

Tu connais Leo, il ne veut pas se mettre la pression, il aime bien réfléchir tranquillo à ses persos, obtenir des couleurs uniques, et il a 30 000 autres trucs sur le gril.

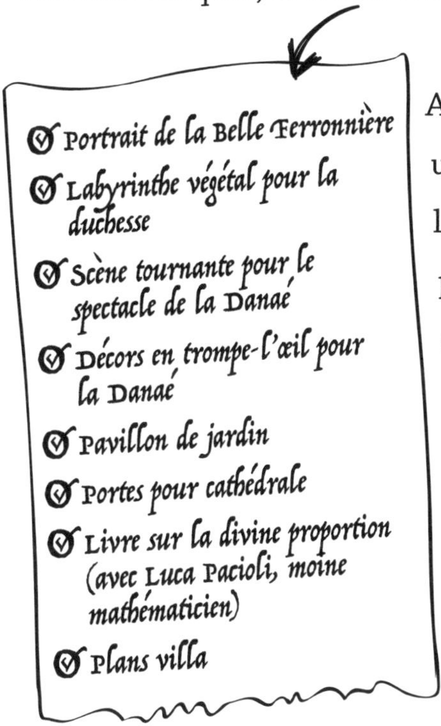

Alors, il préfère utiliser une autre technique qui lui permettra d'avancer par petites touches et d'aller à son rythme : mélanger la peinture à l'huile avec l'enduit et l'appliquer couche après couche sur une base. Un *sfumato* sur mur, quoi !

Non, on est au monastère. Regarde, la fresque est terminée ! Clotaire a ajouté les commentaires.

La scène de la Cène !

C'est ce que tout le monde dit. Leo a mis le temps, mais le prieur est content : il déjeune tous les jours devant la plus belle peinture murale de la Renaissance !

MAIS IL Y A UN COUAC !

La Cène que tu vois à gauche **n'est pas** identique à celle que Leo a peinte. Enfin, pas vraiment...
Il s'est trompé dans ses mélanges enduit/pigment : ses matériaux ne résistent pas à l'humidité, les visages s'effritent, les couleurs ternissent à toute allure... du vivant de Leo. Il fera tout ce qu'il peut pour réparer le désastre, mais rien à faire. Il s'est bel et bien planté : sa fresque s'efface toute seule.

Oui ! Surtout qu'elle en a vu de toutes les couleurs :

1. 154 ans plus tard, les moines ouvrent une porte dans le mur pour relier le réfectoire aux cuisines, juste à la place des pieds de Jésus ! (Du coup, on ne peut plus les voir.)

2. Au XVIIIe siècle, un certain Belloti la restaure n'importe comment.

3. En 1796, les troupes de Napoléon transforment le réfectoire en prison, puis en écurie et balancent des briques sur les apôtres.

4. En 1943, une bombe (alliée) s'abat sur le réfectoire, le toit vole en éclat, la peinture aussi !

Heureusement, depuis le XXe siècle, on restaure *La Cène* avec des méthodes scientifiques modernes, Leo aurait adoré !

N'empêche qu'on ne pourra **jamais** admirer les super couleurs d'origine et l'expression des visages...

"Tout passe...
Rien ne dure...
Tout fuit...
C'est le destin de l'homme."

Tu vois, il était philosophe, Leo !

Bon, on quitte son monde et on rejoint vite le nôtre parce que ça va devenir bientôt moins marrant à Milan... Pour l'instant, Leo recommence à travailler sur le vol.

Dans les supermarchés ?

Très drôle ! Le vol dans les airs, plutôt.

À côté du dessin d'un oiseau en cage, il écrit :

"Les pensées se tournent vers l'espoir !"

Il veut s'élever dans les airs, comme les milans ou les aigles qu'il adore. Il trace les premiers croquis de sa « **machine pour voler** ». Comme la maquette ne plane pas tip-top, il cherche à perfectionner l'engin.

Pour commencer, il dissèque les cadavres d'animaux volants...

Arrête, on va vomir !

Sois pas chochotte, il faut bien qu'il comprenne comment sont fichues les ailes.
Il cherche les matériaux les plus légers, souples et solides. Il essaie d'éviter au pilote de se crasher en réfléchissant à l'équilibre.
Il rêve de faire de l'homme un oiseau, il appelle donc sa machine l'ornitottero. C'est un bidule pseudo-volant, qui ressemble successivement à un rameur d'appartement, une pirogue ailée, un gros insecte avec trop d'ailes (mais pas de pattes, ouf !) et une coloquinte à ailes de moulin... Bref, on est loin des maquettes d'avion de mon père (en même temps, ce n'est pas lui qui les invente).

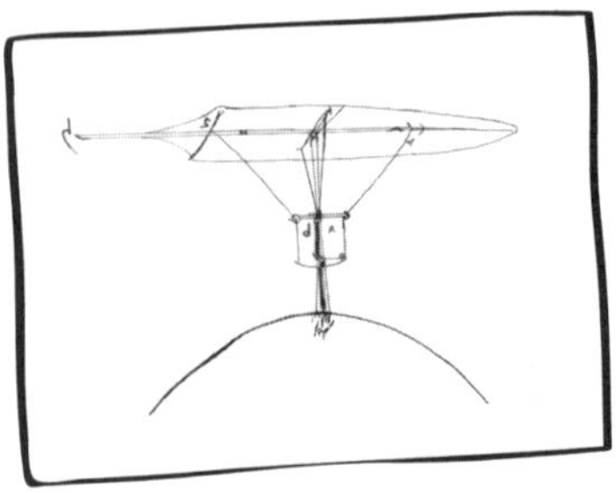

Il finit par simplifier le tout et tente l'expérience dans une espèce de deltaplane Ⓑ, au-dessus d'un lac, une sorte de bouée à la ceinture pour éviter la noyade.

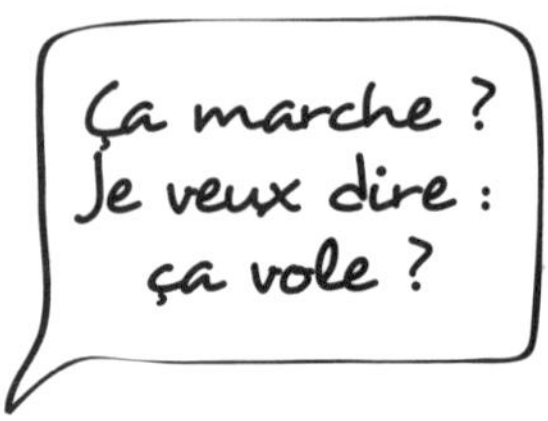

Ben non, ça rate. ☹ Sur le moment, il est découragé et il arrête tout. Mais il reprendra plus tard, tu verras...

En attendant, il se console grâce aux sciences et aux maths (avec son super copain, Luca Pacioli, un moine mathématicien. Ils feront même un livre ensemble !). Et comme si ça ne suffisait pas, il se passionne pour les horloges, la géologie, l'astronomie et la technologie. On le sait, car il écrit tout. Grâce à ses carnets, on connaît les questions qu'il se pose alors :

Et les rêves ? Comment les rêves sont-ils possibles ?

D'où viennent l'ivresse et la folie ?

D'où vient le lait ?

Comment coulent les larmes ?

Et la colique ?

Comme Internet n'existe pas, il cherche directement sur… l'homme !

Tu veux dire qu'il… découpe… les corps humains… ?

Hum… oui… Recherches anatomiques, rien d'autre…

Pitié, stop ! On s'est déjà fait les animaux volants tout à l'heure !

OK, on attendra un peu pour l'épisode ZOMBIES EN FOLIE !
De toute façon, Milan, c'est bientôt terminé. Sforza est à sec... Le trésorier oublie souvent de payer Leo. On lui donne bien un vignoble pour remplacer les ducats, mais ce n'est pas avec ça qu'il va nourrir ses assistants.

Là-dessus, qui est-ce qui se pointe avec son armée au début de l'été 1499 ? Louis XII, encore un Français ! Le successeur de Charles VIII. La guerre recommence, sauf que, cette fois, le Français se la joue conquérant et envahit Milan. **GLOUPS !**
Ses gros sauvages de soldats détruisent même le *Gran Cavallo* en argile de Leo. **Ça barde !**

Ludovic le More est déchu, il se sauve au Tyrol et revient par surprise 5 mois plus tard, mais il est capturé et atterrit dans la geôle d'une forteresse à Loches, en plein Val de Loire (sous Paris, à gauche), d'où il ne ressortira pas. Salut, le More, c'est là qu'on se quitte...

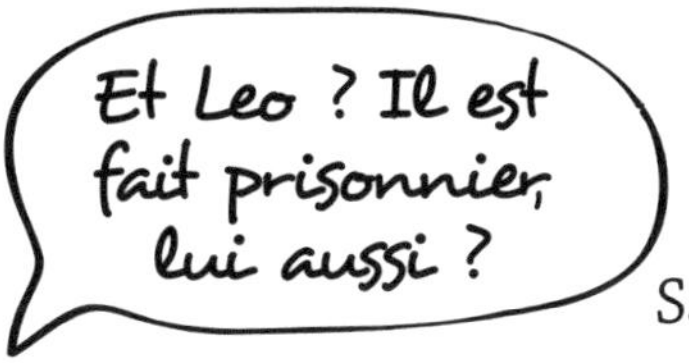

Non, mais il est dans le . Sa carrière est foutue, il n'a plus de mécène. Alors, il vend tout ce qu'il a, envoie son argent à Florence, fait ses paquets et lève le camp. Son ami Luca l'accompagne, et Salaï bien sûr…

Le maestro devient savant **itinérant**, il a 47 ans…

Génie errant

Alors voilà, on vient de passer du XVe au XVIe siècle, et la vie de Leo n'est pas vraiment à la fête. Pour le feu d'artifice, faudra repasser. Avant de rejoindre Florence, il se balade un peu. Enfin, il ne fait pas vraiment du tourisme… Le pauvre est mal barré : l'Italie est en guerre à peu près partout, il n'a plus de mécène, tous ses projets sont réduits à nada, nothing, néant.

Angoisse totale !

Partout où il s'arrête, il y a un truc qui bugue :

MANTOUE

Au nord-est de l'Italie. Leo est bien accueilli par le marquis de Mantoue et sa femme Isabelle d'Este, la belle-sœur du More, une passionnée d'art. En plus, c'est cool, il retrouve son copain Atalante, donc tout pourrait rouler.
Mais Isa est du genre exigeant, et Leo déteste qu'on le commande, alors il lui dessine son portrait, et... **ciao !**

VENISE

Un peu plus au nord... Là, Leo ne fait pas un tour en gondole. Il réfléchit à des plans d'attaques sous-marines contre le sultan turc (ottoman, plutôt) qui menace la ville.
Mais ça rate encore, parce que Venise signe un accord avec les Turcs (enfin, les Ottomans). **Ciao itou !**

Bref, il atterrit à Florence un peu (beaucoup) dans la dèche. Là, pas de mécène non plus. 

Plus de Médicis ! Plus de duché ! Ils ont été chassés, Florence est maintenant une république. J'exagère un peu, ce n'est pas la cata totale... Leo retrouve quand même son padre. Ser Piero a 74 ans, une quatrième épouse (Lucrezia) et 11 enfants (de 2 à 24 ans). Tu vois, ce n'est pas nouveau, les familles recomposées ! Comme Leo a une super réputation, il obtient très vite du boulot. Un couvent lui commande un tableau, le loge et le nourrit, lui et ses amis...

Oui, mais le souci, c'est qu'il n'a plus vraiment envie de peindre. Lui, ce qui lui plaît, à ce moment-là, c'est :

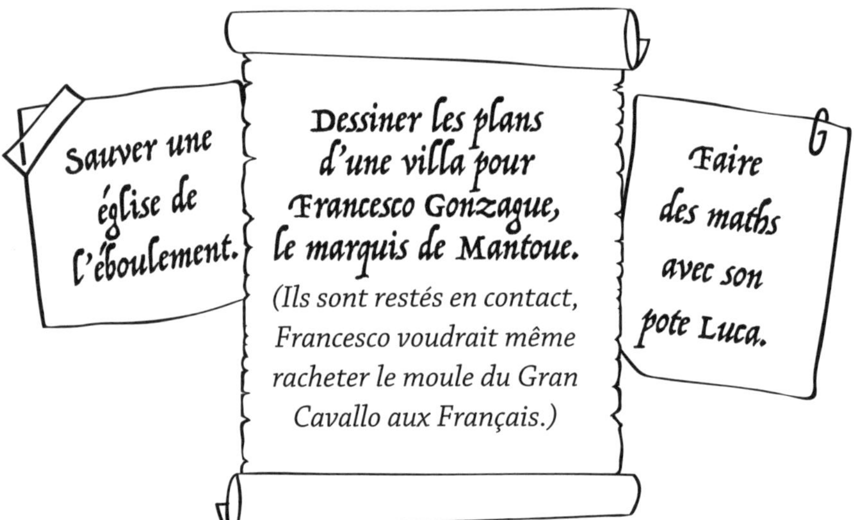

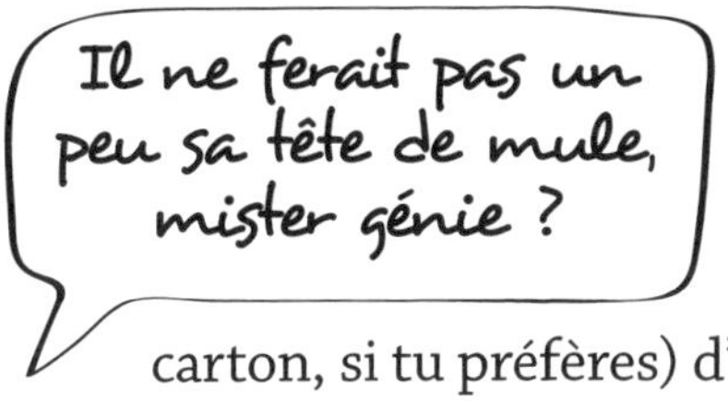

Complètement ! Bon, il finit par dessiner le carton (le dessin sur carton, si tu préfères) d'un tableau hyper célèbre :

La Vierge à l'Enfant avec Sainte Anne

Tout le monde trouve le dessin génial. Leo est archiconnu : les peintres des ateliers de toute l'Italie viennent admirer l'œuvre du maestro. Pendant deux jours, ils défilent dans la salle où elle est exposée. Moi, j'aurais mis une pancarte à l'entrée de l'expo : « Faites de l'art, pas la guerre. »

Leo va travailler sur ce tableau pendant 20 ans... Tu peux l'admirer au musée du Louvre. Il a beaucoup changé ! On vient justement de le restaurer. Mais Leo n'est pas heureux. Il n'a plus envie de peindre exclusivement. Il était habitué à une vie confortable, à travailler les commandes à son rythme (pépère), et à faire ses recherches en même temps. Il lui faut un mécène qui comprenne qu'il n'a pas qu'un sujet en tête, ça urge !

Caprice de star ?

Oui et non... Tu te rappelles ? Pour vivre, un artiste a besoin de servir un prince qui adhère à fond à son art. Sinon, il végète dans son coin comme une pauvre luciole sans ampoule...

Ou une baleine sans bosse, un croque sans monsieur, un Seguin sans chèvre, un ping sans pong, un campeur sans tongs, un Carambar sans blague, un Kinder sans surprise...

Ben dis donc, t'as mangé du poulpe aux vitamines C, toi !

Leo ne s'éternise donc pas à Florence, il file dare-dare à Rome où l'attend César Borgia, un type *maous famous*, riche, baraqué, grand charmant loup tout-puissant.

C'est lui, le mécène ?

Exactly ! Leo ne peut pas rêver mieux ! Un chef absolu, bâtard du pape, et carrém…

Heu… le rapport avec le pape ?

Ah oui ! J'ai oublié de te dire ! Celui qui gouverne Rome, en 1502, c'est le pape Alexandre VI. Il est à la fois un prince (avec mandat religieux) et un chef militaire.

Comme à l'époque, on ne fait pas une fixette sur la chasteté du pape, il a un fils, César, qui rêve de supprimer tous les petits États italiens pour n'en faire qu'un seul gouverné par papa Alex VI.

Il commence par l'Italie centrale, ensuite il ira piquer le reste de la péninsule aux Français et aux Espagnols ! Il ne doute de rien et il y met les moyens… tous les moyens, si tu vois ce que je veux dire…

Je ne te raconte pas la terreur, on claque des dents quand il arrive. Remarque, à l'époque, il y a des tyrans partout. Lui, au moins, il combat les despotes, supprime les privilèges féodaux, flanque à tout le monde une magistrature civile… donc beaucoup de gens l'admirent, surtout le petit peuple.

Évidemment, il n'obtient pas tout ça en demandant poliment, et malgré les flaques d'hémoglobine qu'il répand sous ses sandales princières, il prétend qu'il n'assassine pas pour le plaisir, mais en pensant utile. Tu vois le genre ? En gros, il zigouille tous ceux qu'il trouve nuls ou qui l'empêchent d'être populaire et puissant… Ça représente pas mal de monde !

Mais comment connaît-il Leo ?

Ils se sont rencontrés en 1499 à Milan. Borgia accompagnait les Français. Ils s'entendent bien tous les deux, ils ont plein de points communs :

Autodidactes
(se sont formés eux-mêmes)

Esprits indépendants

Mépris des médiocres

Dingues de fringues

Logique imparable

QI au top

Fans de *strategy* games

Bâtards

Énergiques

Beaux gosses

À Rome, Borgia nomme donc Leo, Architecte et ingénieur général.

La classe !

Carrément ! Leo a tous les droits, il va où il veut, fait ce qu'il veut. César lui donne carte blanche.

Il s'amuse à inventer de nouvelles machines de guerre, à faire construire des fortifications, il fabrique des compas, dessine des plans… il se fait plaisir ! En fait, les cartes Ⓑ, c'est un peu plus qu'un hobby : Leo devient le meilleur cartographe de son époque.

Elles sont super bien dessinées, on dirait la terre vue du ciel ! Comme quoi, même sans machine volante, Leo peut deviner le point de vue des oiseaux.

À Rome, Leo se fait aussi un nouveau copain et pas n'importe qui : Machiavel ! Ça te dit quelque chose ? Son vrai nom pas frenchisé, c'est Niccolò Machiavelli. Ça me donne envie de l'appeler Mac, OK ?

Mac est aussi petit et maigrichon que Leo est grand et fort. Florence l'a envoyé comme diplomate auprès de Borgia, mais il deviendra un philosophe humaniste archi-célèbre et un grand théoricien de la politique. Ils ont des tas de choses à se raconter tous les deux : Leo étudie les mécanismes de la nature, Mac ceux de la politique. Leo pense aux engins du futur, Mac à la politique du futur. Ils adorent le théâtre (Mac écrit des pièces, Leo est un super décorateur), ils ont un humour pas possible, ils sont du genre insoumis, nés pour s'entendre... Mon père dit que ce sont *des éveilleurs qui veulent révéler la vérité des choses*.

Ah là là ! J'aurais trop aimé être une mouche de la Renaissance pour les écouter parler. Ça devait voler hyper haut, de quoi se choper le tournis pour cinq siècles au moins ! Malgré tout ça, au bout de 10 mois seulement, Leo quitte Borgia.

C'est sûr que c'est bizarre, mais à mon avis, il se rend compte que son maître est une vraie brute. Jusqu'à maintenant, il dessinait ses armes et ses plans dans son coin, loin de l'armée, mais quand il commence à voir l'autre féroce à l'action…

Il ne se pose pas autant de questions quand il imagine ses machines à tuer...

Oui, mais tu vois, les engins de guerre le fascinent comme les tornades ou les cataclysmes naturels, c'est tout. Nous, par exemple, c'est pas parce qu'on regarde *Kill Bill* qu'on égorge tout le monde en sortant...

Leo se soucie des droits de l'homme presque 450 ans avant leur existence ! C'est dingue, cette prise de conscience, parce qu'en 1501 débute la traite des Noirs en Amérique... Lui, son truc, c'est le respect de la vie... Aujourd'hui, il militerait dans une association pour la non-violence.

Donc, en 1503, il lâche Borgia* et retourne à Florence où Mac lui a trouvé un job. C'est à la fois logique et courageux, il respecte complètement ses convictions.

Chapeau, Leo !

*En même temps, il fait bien, parce qu'Alexandre VI décède peu après et César Borgia doit s'exiler... Il se fait tuer par des mercenaires en Espagne, donc de toute façon, ce n'était pas un mécène viable.

Mer, ciel, mur

Salut à toi, cher surfeur leonardien ! On retourne donc à Florence (Leo n'en part que pour y revenir). Gros épisode, il se passe un tas de trucs !

À ce moment-là, la ville est en guerre contre Pise, sa voisine… Mac le pistonne auprès de ses patrons et Leo redevient ingénieur. Comme Borgia l'a bien dégoûté des batailles, il cherche le moyen de régler le conflit sans combat… Et là, BINGO ! Il trouve une solution pacifique… son côté Gandhi.

Tu te rappelles, dans l'épisode 4, on avait parlé plomberie. Hé bien, Leo se remet aux mêmes canalisations et a l'idée du siècle :
« *Hey, les gars, ça vous dirait de détourner un fleuve ?* »
En déviant le cours de l'Arno, les Florentins auraient accès à la mer, sans avoir besoin de passer chez leurs voisins, les… Piséens ? les Pistous ? les Pisotiens ? ou les Pisalés ? Enfin, les habitants de Pise…

— Les Pisans, Mélissa !

Merci, mamounette !
Donc, les Pisans et les Florentins ne dépendront plus commercialement les uns des autres et n'auront plus de raison de se chamailler… Elle n'est pas trop *wonderful*, cette *idea* ? En plus, le fleuve aura un rôle humanitaire :

- [x] Agriculteurs = → irrigation des terres arides.
- [x] Poteries, scieries, fileries et autres industries = $ → énergie hydraulique (moulins, etc.).
- [x] Florence + Pise = → échanges commerciaux indépendants.
- [x] All the people = → plus de guerres, cités réconciliées grâce à la technique.

Un décret est voté le 20 août 1503 pour valider le projet, et les travaux commencent dans la foulée. Leo fabrique même des méga-grues et une pelleteuse géante pour creuser les canaux… Hélas…

Mouais… On garde bien l'idée de détourner l'Arno, mais les ingénieurs qui sont sur le chantier modifient le projet : ils creusent une double dérivation pour aller plus vite. Leur but, c'est de priver Pise de port pour que la ville se rende. Ils n'ont rien compris à l'effort de paix de Leo. Conséquence immédiate, les Pisans se révoltent. 1 000 soldats attaquent les ouvriers ! Et pour achever le désastre, une crue du fleuve détruit les berges du canal…

Pfff… Encore un rêve qui ne deviendra pas réalité…

Leo s'arrache les cheveux de désespoir ?

Oh non, c'est pas son genre ! (Il adore trop ses cheveux.)

Il reprend ses recherches sur les machines volantes. L'homme peut vaincre la pesanteur grâce à des machines, il en est sûr !

Il invente aussi plein de gadgets pour contrôler le mouvement de l'air. Certains ont été modernisés et sont encore utilisés aujourd'hui par les contrôleurs aériens :

LE CLINOMÈTRE

Pour Leo
Petite cloche en verre avec une bille à l'intérieur pour contrôler la position des machines.

Pour nous
Appareil de mesure de l'angle relatif d'un avion par rapport à l'horizon.

L'ANÉMOMÈTRE

Pour Leo
Dispositif pour mesurer la vitesse et la pression du vent.

Pour nous
Même utilisation.

À propos de ses recherches sur le vol, il écrit :

J'ai divisé le traité des oiseaux en quatre livres :
Le premier traite du vol par battement d'ailes (vol ramé) ;
Le deuxième du vol par la faveur du vent (vol plané) ;
Le troisième du vol en général des chauves-souris, poissons, insectes ;
Le quatrième du vol artificiel.

J'adore les machines volantes de Leo, c'est comme s'il avait essayé de réaliser un rêve d'enfance. On a tous eu envie de voler un jour, non ? Il ose des trucs de science-fiction ! Comme l'uccello, l'oiseau humain avec des ailes articulées, attachées directement au corps !

Ça te dirait, un quiz sur les machines volantes ? (Les solutions sont à la fin de l'épisode. Évite de tricher, le fantôme de Leo te regarde peut-être, qui sait ?)

P'tit quiz des OVBIL*

1. Dessin de Leo représentant un :

A. *vaisseau volant ?*

B. *ascenseur spatial ?*

C. *drone moulinette ?*

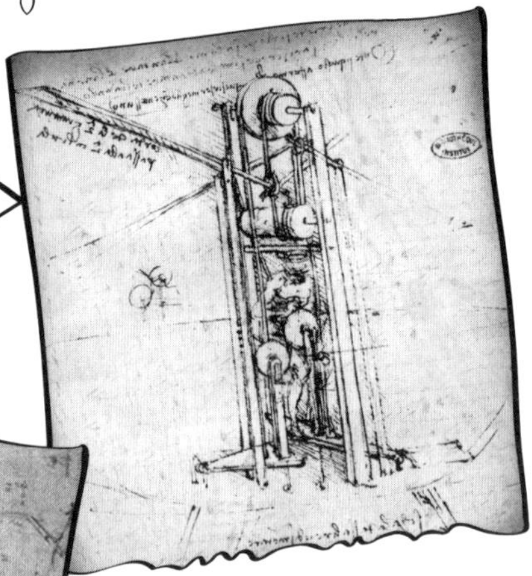

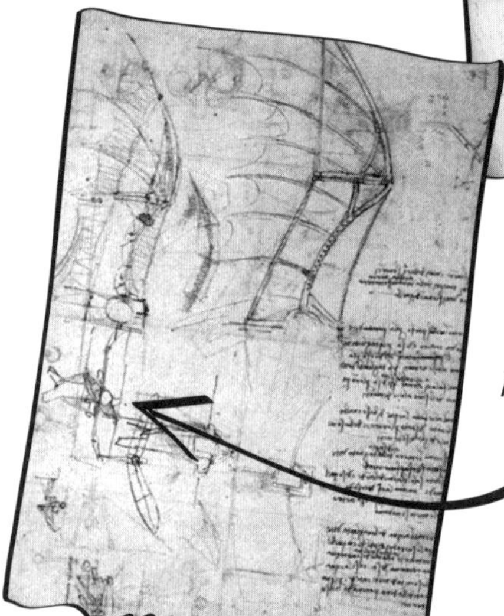

Tu vois le petit bonhomme sous les ailes ?

2. Leo observe le vol des oiseaux et il dessine une machine qui ressemble à des ailes activées par la force musculaire humaine, c'est :

A. *l'ornithorynque ?*

B. *l'orgnette à ailettes ?*

C. *l'ornithoptère ?*

*Objets Volants Bien Identifiés de Leo.

3. Ce drôle d'engin est l'ancêtre :

A. *de la pyramide suspendue ?*

B. *du parachute ?* Ⓑ

C. *du toit amovible ?*

4. *Voici :*

A. *la vis aérienne ?*

B. *le mixeur mobile à lames multiples ?*

C. *l'hélicoptère conique tournicotant ?*

En 1506, ses recherches s'arrêtent d'un coup. Clotaire dit que peut-être un de ses assistants a eu un accident lors des essais réels.

Si, bien sûr, et tous ses engins volaient parfaitement en modèles réduits... Mais grandeur nature, c'est une autre histoire, à cause du poids. Dommage qu'il n'ait pas pu utiliser du carbone ou de l'aluminium...

Ça a dû être difficile pour lui d'abandonner des études pareilles, depuis le temps qu'il se passionnait... En plus, le 9 juillet 1504, ser Piero est mort...

Leo en a plus que marre de voir tous ses projets s'effondrer. Il a l'impression de ne rien avoir fait de sa vie : pas de cité idéale, pas de Gran Cavallo ni de canal de l'Arno, une fresque qui s'efface, ratage total des machines volantes, et maintenant orphelin... Dur, dur...
Bon, allez, je vais nous remonter le moral !

On a peut-être retrouvé une fresque de Leo qu'on croyait perdue !

Heu... je veux bien, mais une fresque, c'est sur un mur, non ? Et un mur, ça ne se perd pas facilement...

AH ! AH ! AH ! Ben justement, on a retrouvé un mur.
On n'est pas archi-sûrs, mais moi, j'ai trop envie d'y croire.
Je t'explique : à Florence, il y a une salle du Grand Conseil dans un palais, le Palazzo Vecchio.
Leo a été chargé de décorer un mur de cette salle. Il a fait une fresque monumentale : une scène de guerre démentielle avec chevaux, soldats, poussière et fumée, un combat de barbares !

Ah bon ? Je croyais qu'il détestait la guerre ?

Exactement ! L'idée, c'est de toucher le cœur du spectateur, de le faire réfléchir, de lui dire : « *Regarde toute cette violence ! T'en as pas marre de voir des gens se trucider ?* » Sa fresque, c'est un plaidoyer contre la guerre, il illustre la haine qu'elle lui inspire. Elle s'appelle *La Bataille d'Anghiari*.

Là, c'est la copie qu'en a faite le grand peintre Rubens, vers 1603 :

D'après la copie de Lorenzo Zacchia, graveur, contemporain de Leo... Une copie de copie déjà géniale ! Tu imagines l'originale ?

Lui, c'est l'Homme hurlant, *un dessin préparatoire de Leo pour la fresque... Heureusement qu'on en a encore quelques-uns !*

Ah oui, quand même ! C'est beau !
Comment elle a pu disparaître ?
Le palais existe bien encore !

C'est un peu à cause de Leo… Tu le connais, la fresque et lui, ça ne fonctionne pas vraiment… Pourtant, il s'est entouré d'assistants et il a prévu le coup :

- Il a fait des essais sur une petite surface… Mais le mini, c'est pas le maxi. Le mur mesure 53 m × 22 m !
- Il utilise une recette de couleurs de Pline l'Ancien, un écrivain latin, mais il la rate plus ou moins.
- On lui refile une huile complètement naze pour son enduit.
- Il fait un grand feu pour sécher la matière, mais quand il commence à peindre, les couleurs de base dégoulinent et ne se fixent pas. Les flammes n'ont pas séché le haut du mur…

Résultat ⇨ il n'y a que le magnifique groupe de chevaux qui reste intact.

Leo n'a pas du tout envie de recommencer depuis le début, ce n'est pas son genre de se casser les ongles à tout gratter… En plus, on lui a collé un concurrent pour décorer le mur d'en face, et ça, c'était pas prévu ! L'artiste s'appelle Michel-Ange, c'est la nouvelle star de la Renaissance italienne. Ils ne peuvent pas se voir en peinture, et l'autre rigole bien devant la catastrophe… Déjà qu'il lui a mis la honte en public, peu de temps avant, en se moquant de son *Gran Cavallo* pas terminé. Il m'énerve, ce jaloux d'Angelo !

Lui, il ne commence même pas à peindre son mur : il dessine son carton et il plante tout pour aller sculpter le tombeau du nouveau pape Jules II et décorer le plafond de la chapelle Sixtine.

Quand même, ce n'est pas rien !

Mouais… c'est vrai, mais il n'avait pas besoin d'humilier Leo… Surtout que, quand il constate son nouvel échec, notre génie ne se la joue pas vainqueur, il n'a qu'une envie, la même que d'habitude…

Faire ses bagages, et ciao !

C'est ça ! Les Français l'invitent à Milan, alors… il s'en va !

Leo et l'Angelo ont déserté, mais je ne te raconte pas le peuple qui vient admirer la fresque et le carton !

— *Ni les Anciens ni les Modernes n'ont jamais rien produit de plus beau !* s'extasient les visiteurs.

On n'arrive pas à départager les chevaux affolés de l'un et les guerriers nus de l'autre. Aucun des deux ne l'emporte. On les considère comme des chefs-d'œuvre absolus.

À partir de ces deux œuvres vont naître deux courants artistiques :

Copie de Sangallo du carton de Michel-Ange : La Bataille de Cascina.

Raphaël, une belle graine de génie qui admire Leo, va faire une copie de la fresque. Pas de chance, son carton disparaît en 1512 dans une émeute… Ensuite, les Médicis, qui ont repris le pouvoir à Florence, demandent au peintre Vasari de recouvrir les œuvres créées durant la république…

Aaaah, je comprends ! Comme les tags qui se superposent sur les murs ! La fresque de Leo se trouve sous celle de Vasari ?

Non, derrière ! Vasari est aussi l'auteur du premier bouquin d'histoire de l'art et il est hyper fan de Leo : pas question pour lui de recouvrir une œuvre du maestro qu'il adule. Alors, il fait construire une cloison entre les deux fresques. On l'a découverte en 2012, grâce à des tests aux ultrasons.

Alors, on va détruire la fresque de Vasari ?

Non, on ne peut pas faire ça... Pour l'instant, on en reste là.

Trésor caché ? Ou pas de trésor ? Le mystère demeure... Bon, c'est pas le tout : 1506, Charles d'Amboise, qui représente le roi Louis XII, attend Leo avec impatience... Allez viens, on file à Milan !

Quelle bougeotte, ce génie !

Oups ! J'allais oublier :

Solutions du quiz OVBIL

1. A. 3. B. 2. C. 4. A.

Maestro du scalpel !

Bienvenue, chère âme sensible !

Ne te laisse pas impressionner par le titre de l'épisode et ne te précipite pas sur ton sac à vomi, on va y aller mollo...

Tralalalala ! *Dolce vita* ! C'est la fiesta !

À Milan, Leo est une ! Les Français l'admirent et l'adorent. En 1507, il est nommé peintre et ingénieur ordinaire de Louis XII.

Le génie est **surbooké**

Wesh, Leo ! Organise-nous une teuf de ouf comme au temps du More !
Y'a plein de barrages et d'écluses à améliorer dans le coin ! Tu t'y colles ?
T'aurais le temps de peindre une petite Madone pour le roi ?
Le maréchal Trivulce aimerait bien un tombeau, genre Gran Cavallo, ça te tente ?
Charles d'Amboise attend les plans de son palais
J'adore ta sculpture ! Au fait, mon beauf veut te commander un portrait, t'es dispo quand ?

Les Milanais sont contents, mais les Florentins grincent des dents : Leo les a abandonnés sans prévenir, et ils n'aiment pas trop la déco *non finito* de leur salle du Conseil. Ils sont d'accord pour laisser Leo aux Français, mais seulement si on leur rembourse l'argent avancé pour la fresque (l'huile de lin périmée, etc.). Combat diplomatique, personne ne veut céder. Pire que le transfert d'un footballeur ! Pour avoir la paix, Leo **achète sa liberté.**

Mais il va quand même devoir revenir à Florence : l'oncle Francesco meurt à son tour et lui lègue tous ses biens. → Certains de ses demi-frères sont jaloux et veulent leur part d'héritage. → Un an de procès (1508). → Leo gagne (ça valait bien la peine de faire tout ce binz !).

Avec ces allers-retours incessants, Leo travaille dans l'urgence, et ça lui réussit plutôt bien... En même temps qu'il peint, sculpte et construit, il continue ses recherches dans plein de domaines (les maths, l'hydraulique, la Terre, le ciel, etc.). Il espère même faire fortune en commercialisant ses dernières inventions :

Matière imitant l'écorce
(peau de boudin bouillie dans du blanc d'œuf) ;
Perles synthétiques
(nacre dissoute dans du jus de citron) ;
Matière plastique
(cuire œufs + colle + colorants végétaux [safran, poudre de coquelicot] + autres ingrédients top secrets).

On dirait le coffret du parfait petit chimiste !

Ah ! Ah ! Ah ! C'est ça !

Leo devient le pro des substances artificielles.

Et riche industriel ?

Bah non, on s'en doutait... Pour réussir dans le commerce, il faut s'y consacrer jour et nuit. Leo fait des journées de 12 heures, quant à ses nuits... il les passe... à la morgue (endroit où sont conservés les cadavres) !

TU L'AS COMPRIS... IL EST MAINTENANT TEMPS DE PARLER DE...

DISSECTION

Je te colle le message de prévention obligatoire, mais franchement c'est plus intéressant qu'effrayant (sauf des fois), donc ne fuis pas en te bouchant les yeux et les oreilles.

ATTENTION ! CERTAINES SCÈNES PEUVENT HEURTER LA SENSIBILITÉ DES PLUS JEUNES.

- Petites Définitions -

Anatomie : *Science qui étudie et décrit l'organisme des êtres vivants.*

Dissection : *Action de couper et d'ouvrir les différentes parties du corps pour les étudier.*

Ça va ? Tu as l'estomac bien accroché ?

Allez, on commence !

INFO N°1

Au XVIe siècle, en Italie, on dissèque la nuit et l'hiver de préférence : les corps pourrissent plus vite avec la chaleur.

INFO N°2

Suite logique de l'info N°1 : Les cryptes des églises servent souvent de morgues en raison de leur fraîcheur.

Leo découpe les corps à la lueur d'une chandelle.

INFO N°3

Non, Leo n'a pas l'intention de se présenter au casting de *Massacre à la tronçonneuse*.

Il étudie le corps humain pour deviner « le secret du vivant ».

Pour bien dessiner un corps, il faut en comprendre le fonctionnement intérieur.

INFO N°4

XVe et XVIe siècles = connaissances limitées de l'anatomie du corps humain. La science existe, mais elle n'est pas moderne. Leo veut une approche scientifique du monde.

Mais Leo n'est pas un peu vieux pour se lancer dans des études pareilles ?

En fait, il commence ado, chez Verrocchio, qui se passionne pour l'anatomie humaine et animale. Puis il continue à l'étudier durant toute sa vie. Il appelle ça l'exploration du vrai.

Leo est un hors-la-loi ! Il découpe et observe les cadavres, alors que la dissection est interdite et punie de... mort (le comble !).

Au XVIe siècle, le corps est un mystère : même les médecins ne le regardent pas de trop près : le cadavre sent… le cadavre, et s'y intéresser, ce serait offenser Dieu qui a créé un être parfait fleurant bon l'argile blanche et la violette fraîche.

Pas étonnant que Leo n'ait aucune confiance en la médecine de son époque ! Pour lui, l'âme est d'origine divine, mais le corps est une mécanique, une machine vivante avec des rouages, des leviers, des ressorts et des câbles.

INFO N°5

Faut pas croire que Leo est insensible ! Quand il incise la chair en décomposition, il est éclaboussé de sang et de graisse et l'odeur le prend à la gorge…Il a envie de vomir, mais il s'accroche : il est plus curieux que peureux !

INFO N°6

Leo invente ses propres processus de dissection :

1. **Il retire les organes du corps.**
2. **Il les lave à l'eau et à la chaux.**
3. **Il leur injecte de la cire chaude à la seringue pour leur redonner leur forme.**
4. **Il les dessine.**

INFO N°7

Pour découper plus facilement les globes occulaires (les yeux), il les fait cuire dans du blanc d'œuf !

INFO N°8

Leo a lu les Anciens (Platon, Aristote, Hippocrate). Pour lui, étudier le corps humain en lisant, ce n'est pas étudier le corps humain ! Aujourd'hui, les étudiants dissèquent dès la 1ère année.

INFO N°9

Leo est le 1er à décrire correctement les os de notre main.

Il découvre :

- La double courbure de la colonne vertébrale
- Le nombre de vertèbres (33)
- L'inclinaison du bassin
- Les réflexes nerveux
- Que le cœur est un muscle

INFO N°10

Leo comprend que le cerveau est le centre de commande du reste du corps. Il explore le crâne pour savoir où sont logées : l'imagination, l'expérience et l'âme !

J'ai bien lu ? Il fait cuire les yeux dans du blanc d'oeuf ? Là, c'est vraiment dégoûtant...

C'est le principe de l'œil poché ! **Ah ! Ah ! Ah !** Au moins, ça ne glisse pas quand il découpe. Leo est fasciné par l'étude de la vision. Il découvre les nerfs optiques en disséquant l'œil. Pour lui, c'est la fenêtre de l'âme.

C'est pour ça que l'ophtalmo nous braque une lampe torche dans la rétine : pour lire en nous !

En réalité, l'œil et le nerf optique mènent au système nerveux central. Ça, Leo l'ignore encore.

Autre découverte de Leo : le concept du groupe antagoniste. Traduit en langage normal, ça veut dire que quand un muscle se contracte, un autre muscle fait le contraire et s'étire.

FAIS L'EXPÉRIENCE !

1. Plie un bras.
2. Avec la main opposée, palpe ton biceps (muscle entre le coude et l'épaule, devant le bras) : il est contracté.
3. Palpe ton triceps (muscle entre le coude et l'épaule, derrière le bras) : il s'étire (c'est le muscle antagoniste du biceps).
4. Allonge le bras, c'est l'inverse : le triceps se contracte, le biceps est étiré.

C'est ça, le concept anatomique du groupe antagoniste.

Figure-toi que ce phénomène a seulement été redécouvert au début du XXe siècle par Sir Charles Scott Sherrington, Prix Nobel de neurophysiologie en 1932.

Leo ne disséquait que des vieux morts pour faire toutes ces découvertes ?

Non, il s'intéressait à tout le monde : des enfants de 2 ans aux centenaires, il a même dessiné l'intérieur d'une femme enceinte… Il voulait comprendre le mystère de la naissance :

En tout cas, c'est le premier dessin de bébé dans le ventre de sa mère.

Il est aussi le prem's à faire de l'anatomie comparée : mettre en parallèle les organes ou les os d'une espèce et ceux d'une autre.

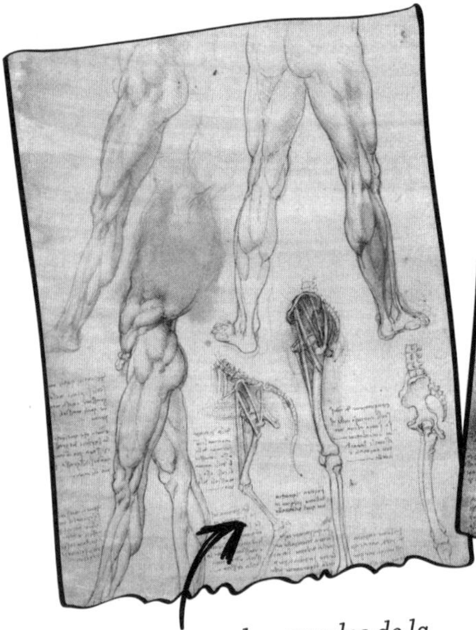

Là, il compare les muscles de la jambe de l'homme et du cheval.

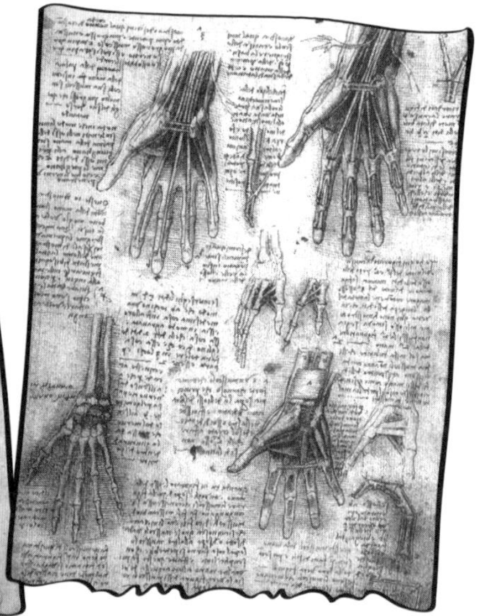

Regarde ! Il a dessiné tous les petits os dans son étude de la main.

Sa méthode scientifique est hyper moderne, on l'enseigne encore dans les universités du monde entier :

Observer —▷ s'interroger —▷ formuler une hypothèse —▷ expérimenter pour vérifier —▷ élaborer une théorie.

On a retrouvé plus de 200 planches et 120 pages d'études, tu te rends compte ? Leo dessine le premier atlas anatomique avec chaque muscle, chaque os, chaque organe.

Michel-Ange dans sa jalousie

Mercredi dernier, Émilie et moi, on s'était posées tranquille à la biblio pour préparer ce que je te raconte aujourd'hui. Clotaire a discuté un bon moment avec nous et il nous a appris plein de trucs :

— Les filles, vous savez que les dessins de Leo pourraient illustrer un livre de médecine moderne ? Non seulement ils sont précis, justes…

— Mais en plus ils sont **super beaux** ! l'a interrompu Émilie, qui envisage de devenir médecin légiste depuis qu'on bosse sur cet épisode et qui est (après moi) la plus grande fan de Leo.

— C'est l'harmonie entre l'art et la technique, a conclu Clotaire.

Il parle comme dans les livres, lui, parfois… C'est à force de les fréquenter.

— **Ils sont où, tous ces dessins ?** j'ai demandé.

— Au château de Windsor, dans la Royal Library de la reine d'Angleterre.

— **Le vrai joyau de la couronne, c'est le codex anatomique de Leo.**

Clotaire a rigolé et il nous a expliqué que si ces dessins avaient été publiés au XVIe siècle, ils auraient révolutionné la science et la recherche médicale.

— **Mais alors, si ça se trouve, on aurait découvert plus vite certaines maladies et soigné plein de gens, le cours de l'histoire aurait été bouleversé !**

D'un coup, j'ai réalisé tout ce qu'on avait loupé. Leo aurait pu s'organiser, classer ses notes et les publier, au lieu de tout planquer dans ses carnets.

— C'est certain, Mélissa, a renchéri Clotaire. Leonardo avait découvert la cirrhose du foie, la calcification des vaisseaux et même le cholestérol…

— **Qu'est-ce que c'est, le cholestérol, déjà ?**

— Pour faire simple, c'est du gras qui, à forte dose, bouche les artères alimentant le cœur. Elles durcissent, le sang bloqué devient caillot, et c'est la crise cardiaque ! Leo fait cette découverte en disséquant un très vieil homme. Il constate qu'il est mort soudainement et sans souffrir à cause « d'un excès de substances nutritives dans le sang » : il avait trop de cholestérol… mais le mot n'existe pas encore.

Pour Leo, tout vit grâce au mouvement.
L'homme a des os pour porter sa chair.
Le Monde a des roches pour porter sa terre.
Le cœur est un noyau où pousse l'arbre des veines.
Les veines sont comme des rivières.
L'HOMME EST UN MONDE !

Hééé ! J'ai un scoop !

Après être passé de l'anatomie à la mécanique, de la mécanique à l'organique, Leo termine par la robotique, en créant :

LE PREMIER ROBOT HUMANOÏDE

C'est une reconstitution, parce qu'on n'a pas de dessin du robot entier, mais plein de petits bouts avec des notices en écriture spéculaire.

Le robot Ⓑ *en armure de Leo peut* ***s'asseoir, bouger la nuque et les membres, ouvrir les mâchoires. Les jambes s'articulent*** *grâce à un contrepoids et une énergie hydraulique.*

Voilou ! Tu vois, ce n'était pas si horrible !

Il en a scié des os, notre Leo, pour en arriver là ! Mais il a beau chercher, il ne trouve pas l'origine de la vie. Il voudrait des réponses à toutes ses questions, il ne supporte pas de ne pas savoir. En plus, il se rend compte que l'horloge tourne et qu'il a délaissé le reste de son travail, alors il arrête de chercher… Tiens, je te montre ce qu'il écrit à ce moment-là, parce que c'est émouvant :

“ Je ne me suis laissé arrêter
ni par l’avarice ni par la négligence,
mais seulement par le temps.
Adieu (Addio) ! ”

Ah là là ! C’est merveilleux le mystère de la vie, non ? Pas sûr que Leo ait trouvé ça épatant, il était pour le concret ! En attendant, il ne s’arrête pas de travailler, il reprend le pinceau... Tu sauras pour qui dans le prochain épisode !

Miss sourire

Chère sourieuse, cher sourieur…

Mini-épisode pour te parler de celle qu'on ne présente plus, la miss sourire de la Renaissance, la star mondiale du mystère, l'étoile internationale du *sfumato* sfumaté, j'ai nommé :

La Joconde

Qui est cette dame que Leo a peinte ? Rémi, une idée ?

— Mona Lisa ! Une bourgeoise italienne !

Mon cher frère, bravo, mais sache que le doute est permis. En réalité, on ne sait pas qui elle est.

Hypothèses émises

- Monna* Lisa, donc la femme d'un riche marchand florentin, Francesco del Giocondo, ami de la famille Vinci.
- Pacifica Brandano, favorite de Julien de Médicis (le fils de Laurent).
- Un modèle napolitain anonyme.
- Une courtisane (**Hé ! Hé ! Hé !**).
- Une vertueuse dame italienne (**Oh ! Oh ! Oh !**).
- Isabelle d'Este, la marquise de Mantoue (à force d'insister...).
- Une amoureuse de Charles d'Amboise.
- La duchesse de Francavilla (je ne sais plus qui c'est, une duchesse romaine, je crois...).
- Pas de modèle du tout : la femme idéale (**Hi ! Hi ! Hi !**).
- Un portrait posthume de sa mère, Caterina.
- Un homme (**Hin ! Hin ! Hin !**).
- Un autoportrait (**Mouah Ah Ah !**).

Ça en fait des prétendant(e)s à la célébrité !

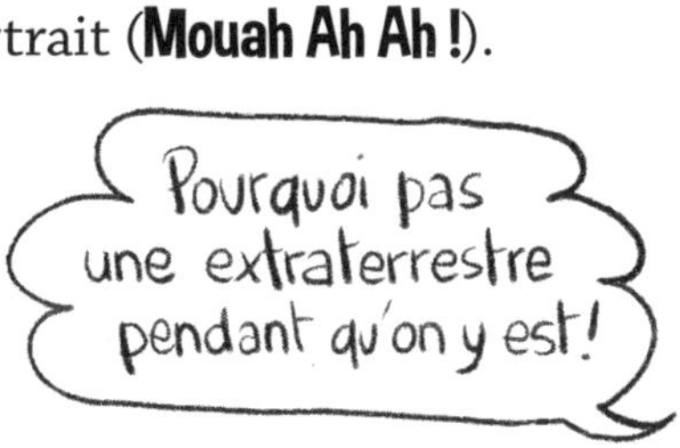

*La bonne orthographe, c'est *Monna Lisa*, avec deux *n*. Le mot vient de madonna. Ici, il signifie « dame ».

Vu que personne ne sait la vérité, on s'en tient à la plus ancienne version (la première de la liste), celle de Vasari (tu te rappelles, le peintre biographe) : la *Joconde* Ⓑ. Mais c'est quand même étrange que Leo ne remette pas le tableau de sa femme au riche marchand… ou alors elle est morte… Le plus marrant, c'est que pendant un siècle, les inventaires du royaume de France ont enregistré le tableau sous le nom de *Courtisane au voile de gaze* ! Encore un secret très secret…

— Moi, j'ai beau mieux apprécier Leo, maintenant, la *Joconde*, je ne la trouve pas vraiment canon…

Tu sais, Rémi, si tu avais lu la description de Vasari, tu la regarderais d'un autre œil ! Parce que :

ALERTE : SCOOP !

La* Joconde *d'aujourd'hui, paumée sur son grand mur du Louvre, ce n'est plus celle que Leo a peinte !

Comment ?

Écoute ça : Vasari la décrit dans son livre. Il parle du « rouge de ses lèvres », de « l'incarnat du visage », de son « regard limpide » et de ses sourcils délicats. Franchement, cours taper « Joconde » sur ton navigateur, et dis-moi si tu lui trouves des couleurs, à la dame ! Elle a le teint verdâtre, on dirait qu'elle vient d'avaler des croquettes pour chat périmées. Je ne sais pas comment elle fait pour continuer à sourire, la pauvre ! Ou alors, elle amorce un soupir…

Mais que s'est-il passé ?

Eh bien, comme pour chacune des œuvres de Leo, on s'est acharné dessus au fil des siècles. Je ne sais pas ce qu'ils avaient tous à vouloir couper ses tableaux, les repeindre, rajouter des vernis… Leo nous pose de jolis glacis, il nous fait des merveilles sfumatisées, et ceux qui suivent gâchent tout, c'est pénible à la fin !

Excuse-moi de m'énerver, mais ça me rend folle qu'on lui ait amoché le portrait… Leo l'a commencée vers 1503 et il l'a retouchée jusqu'à sa mort, alors faudrait pas pousser mémé dans les orties ! C'est une merveille, un chef-d'œuvre !

— Relaxe, Mélissa, ça va le faire. Elle a un petit quelque chose, si on regarde bien… Tout le monde l'aime, la Joconde !

D'accord, je me calme. C'est vrai que c'est une chouchoute planétaire. Tu sais pourquoi ? Parce qu'elle **est** Leo.

— Heu… c'est-à-dire ?

Regarde :

La Joconde est un résumé de **l'ensemble** *des recherches de Leo.*

C'est un portrait philosophique…
Pourquoi on l'aime ?
Parce que le corps de cette femme, c'est comme le corps de la terre… Posé, à sa place, tranquille, silencieux, rassurant…
éternel.

Observe le décor derrière elle. C'est un paysage géologique, sculpté par les âges. Il y a une quatrième dimension, celle du **temps***…*

Leo déclenche l'émotion.
Comment ?
Il ne représente pas un sourire. Il représente un visage, une bouche, des yeux qui s'apprêtent à sourire.

Leo rassemble en un tableau **toute** *sa connaissance de la peinture, ses études sur l'optique (la lumière), le drapé, l'anatomie, l'eau, la nature…*

Et le plus émouvant, c'est qu'il n'y a **aucun** *dessin préparatoire, aucun brouillon, Leo peint directement… parce qu'il la connaît bien…*
Elle, c'est aussi lui.

– la Joconde –

— T'en parles super bien, Mélissa !

C'est parce que j'ai appris à aimer ce tableau comme j'aime Leo...

Hum, Hum, Hum ! (Toussotements embarrassés.)

Fin de la minute émotion !

Une petite anecdote avant de se quitter ?

C'est l'histoire d'un gardien du Louvre, chargé de surveiller la Joconde. *Chaque jour, il la contemple, lui parle, lui chuchote des mots poudrés... Il tombe tendrement en amour. Mais, peu à peu, son cœur s'affole, il ne supporte plus les touristes agglutinés devant la belle !*

— Arrête de les regarder ! implore-t-il.

Or...

On n'interdit pas à un sourire de sourire...

De jaloux, le gardien devient azimuté !

On préfère l'éloigner...

Morale de l'histoire :

La Joconde *a un sourire à rendre fous les gardiens de musée.*

Un "senior" en or

Qui c'est celui-ci ?

Le nouvel élève de Leo, Francesco Melzi, jeune aristocrate milanais. Du genre irrésistible !

INTELLIGENT, RAFFINÉ

BEAU, DOUÉ, SYMPA

ADMIRATEUR DU MAESTRO

Il devient aussi son secrétaire et son confident... Il est plus doué que Salaï pour régler les problèmes de l'atelier et Leo lui fait entièrement confiance. C'est très rare qu'un fils de famille noble se mette au service d'un maître, mais ses parents aussi sont sous le charme du génie.

En 1511, tout se complique :

1. Charles d'Amboise (le gouverneur de Milan) meurt.
2. Les Suisses arrivent aux portes de Milan (ils n'étaient pas neutres à l'époque).
3. Le pape Jules II constitue la Sainte-Ligue contre la France (pas vraiment sainte dans l'intention, mais bon...).
4. Bataille de Ravenne (bain de sang).
5. Les Français évacuent Milan (défaite qui n'arrange pas DU TOUT Leo).

Coups de canon, débandade, mort, famine, **ça chauffe !**

Leo refuse de s'expatrier en France et se réfugie dans la belle maison des parents de Melzi, à l'écart de Milan.

Et voilà... retour à la case départ.

PETITE ANNONCE

Artiste et génie polyvalent, 61 ans, avec expérience et références, cherche mécène, en Italie de préférence.

Disponibilité immédiate.

Pas fortuné s'abstenir.

LdV

Changements politiques en 1513

1. Mort du pape Jules II.

2. Élection du pape Léon X (qui aime les arts, les sciences et les lettres). Pour info, c'est le fils cadet de Laurent le Magnifique – pas magnifique, tu te souviens ?

3. Logique, vu le **2** : Les Médicis récupèrent Florence.

4. Julien de Médicis, le frère du nouveau pape, invite Leo à Rome.

Le maestro boucle ses malles pleines de carnets et de tableaux et rejoint Rome, avec Salaï, Francesco Melzi, Lorenzo et Giovanni (deux autres élèves) et le Fanfoïa (un serviteur).

Il retrouve sa bande de potes ingénieurs et architectes, Atalante, le musicien (eh oui, le revoilà !), et son admirateur, le peintre Raphaël qui est au top de sa gloire. Julien l'accueille bien, le loge au belvédère du palais du Vatican, lui verse 33 ducats d'or par mois (de quoi bien vivre) et lui fait installer un labo pour ses expériences.

À tout ça :

Percussions Air Pesanteur
Miroirs Mécanique
Botanique
Mathématiques
Géométrie
Mouvement

Il voudrait éditer son *Traité de la peinture* et rassembler ses notes pour un traité d'anatomie, mais le tout représente plus de **121 livres**, alors ça va prendre du temps. Il revient sur ses adieux à la morgue et se remet à fréquenter les cadavres.

On le consulte aussi pour des plans d'urbanisme et d'architecture. Il dresse des cartes de la région avec Melzi, il conseille d'assécher les marais insalubres autour de la ville. À Florence, on construit même son **écurie modèle** pour 128 chevaux. Tu te rappelles ?

Sinon, il amuse le pape avec son lézard apprivoisé qu'il transporte dans une boîte. Quand il le lâche en public, tout le monde hurle en croyant voir un **dragon**. Normal, il lui a collé des ailes argentées sur le dos et des cornes sur la tête !

Toujours en forme, donc ?

Moyen...

Question santé, c'est pas génial : sa vue baisse, il doit porter des verres bleus pour filtrer la lumière. → Pour te faire une idée, imagine Elton John déguisé en père Noël.

Question relationnel, il a aussi des ennemis. Des jaloux qui meurent de trouille que son génie leur fasse de l'ombre. Pour le discréditer aux yeux du pape, on l'accuse de se livrer à la **nécromancie**.

What is it ?

C'est quand on communique avec les morts pour deviner l'avenir. Non mais franchement ! Leo n'est pas Mme Irma !

Résultat : Léon X n'aime pas les guéguerres de palais, donc il prive le maestro d'hôpital. **Finie, l'anatomie.**

Pour casser encore plus l'ambiance, Luca Pacioli meurt et Julien de Médicis aussi. Évidemment, ils ne se sont pas dit : « *On va s'organiser un petit décès groupé, histoire de plomber l'atmosphère* », mais ils la plombent. Privé de protecteur, Leo n'a plus que Melzi et Salaï pour le réconforter…

Oui, ben non, justement ! Il n'aime pas qu'on pense « le pauvre… » en le regardant. Quand il voit la tronche qu'il s'est dessinée dans son autoportrait, il se remue. Ce n'est pas dans son caractère de jouer les vieillards déprimés. Raphaël règne sur Rome, Michel-Ange sur Florence, le Titien sur Venise. Puisque c'est ça…

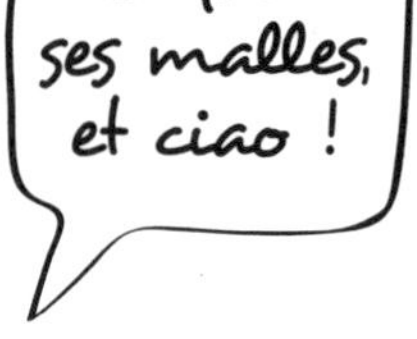

Ah ! Ah ! Ah ! Tu le connais par cœur ! C'est ça, il part conquérir la France (déjà conquise, d'ailleurs !).

On est en 1515. Louis XII est mort. François Ier, nouveau roi de France, est plus fringant qu'un jeune cerf au printemps. **Tchac ! Tchac !** Il n'a pas 20 ans et il reprend Milan, après la bataille de Marignan... Ça te dit quelque chose ?

Aussi géant que Leo, avec des yeux rieurs, une petite barbe de conquérant, il ressemble à un chevalier dans son armure dorée. En plus, il est courageux, pas du genre à se planquer derrière ses hommes lors d'une attaque.

Il aime :

- *les belles bibliothèques et tous les arts ;*
- *qu'on lui lise des textes antiques pendant son repas ;*
- *séduire les filles ;*
- *la musique et la danse ;*
- *la chasse et rire.*

Il ressemble à Leo, jeune : personne ne lui résiste. Le maestro lui offre un super lion automate, son ventre s'ouvre sur un bouquet de lys ! François adore et le presse de venir à Amboise où loge la cour de France.

Y a plus qu'à !

Un coup de fil aux déménageurs, on remplit le semi-remorque, et c'est parti, mon kiki !

⟶ Traduction XVIe siècle : on charge le convoi de mules (on emporte la *Joconde*, *Saint Jean-Baptiste* et la *Sainte Anne* + carnets, bibliothèque et le reste), on remonte jusqu'à Florence, puis Milan, on franchit les Alpes, on passe par Grenoble et Lyon, et après une longue traversée du Cher, on arrive crevé à Amboise.

Trois mois à dos de mulet. Je ne te raconte pas les fesses talées et les jambes arquées qu'ils ont tous à la fin ! Mais ça valait le coup !

À 63 ans, le maestro est accueilli comme un prince. Il habite au manoir du Cloux, un petit palais super mignon en brique rose, avec tourelle et toit d'ardoise, relié au château royal par un passage souterrain. Trop bien !

Maintenant, le manoir du Cloux s'appelle le Clos Lucé Ⓑ *et on peut le visiter.*

- Une villageoise, Mathurine, s'occupe de la cuisine et du ménage.
- Leo reçoit une pension annuelle de *1 000 écus soleil.*
- Melzi et Salaï sont payés aussi.
- Leo est nommé « *premier peintre & ingénieur & architecte du Roy, méschanicien d'Estat, & c.* ».
- François Ier l'appelle *padre,* le considère comme « un grand philosophe Ⓑ » et l'homme le plus cultivé de la terre. Il n'exige rien de lui : « *Ici, Léonard, tu seras libre de rêver, de penser et de travailler.* »
- Leo devient le *maître à penser* du roi, un mélange de Merlin et de père Fouras...

Pas mal, tout ça ! Il y a plus inconfortable comme retraite ! Évidemment, quand je dis retraite, ça ne veut pas dire que Leo se la coule douce dans son rocking-chair en sirotant du thé au romarin...

Peu après son arrivée, François Ier lui commande un grand projet architectural :

Un nouveau palais royal.

Où ? À ***Romorantin****, au centre de la France, où vit Louise de Savoie, la mère du roi.*

Les plans s'inspirent de ceux de la **cité idéale** *de Milan, tu te souviens ?*

Pour Leo, le **mouvement** *est le principe de la vie. Son palais s'organise autour du mouvement de l'homme, de l'eau, du sol…*

Tout ce qui touche à la **circulation** Ⓑ *captive Leo : escaliers, cours d'eau, veines, rues, artères…*

Des voies d'eau s'écoulent en **étoile** *autour du palais : le roi est vraiment au centre de tout.*

Les **escaliers** *fascinent Leo : il en dessine des doubles, des triples, des quadruples…*

Les **logements** *sont préfabriqués, en bois, faciles à déplacer.*

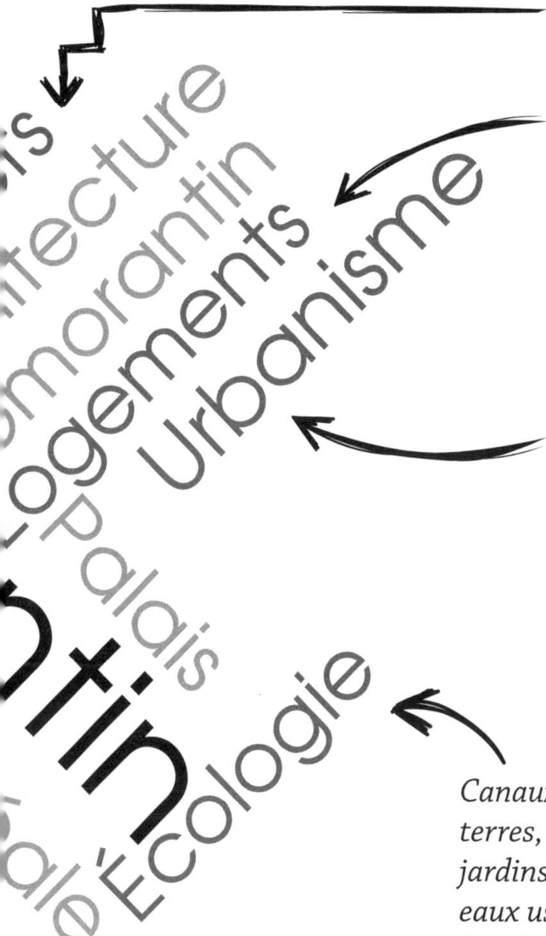

*C'est le plan d'***urbanisme** *le plus révolutionnaire d'Europe.*

Canaux, irrigation des terres, arrosage des jardins, évacuation des eaux usées, enlèvement des déchets, nettoyage des rues : un vrai projet **écologique**.

Malheureusement, en 1518, le chantier de Romorantin est abandonné : une épidémie de malaria emporte la plupart des ouvriers… On ne sait pas ce qu'en dit Leo… mais il avait l'habitude, le pauvre.

François Ier préfère alors s'orienter vers Chambord. Ça te dit quelque chose ? C'est l'un des plus beaux châteaux de France. Indirectement, Leo participe aux plans : Cortona, l'architecte (qui a aussi conçu l'hôtel de ville de Paris), s'inspire sûrement de ses dessins de structure en croix grecque et de ses fameux escaliers à double hélice :

Les escaliers en colimaçon de Leo s'enroulent sans jamais se rencontrer : un pour le roi/un pour les courtisans.

À Chambord : même principe. On appelle aussi ces escaliers Renaissance, escaliers « à double révolution ».

Leo pensait à ces escaliers depuis un moment. Il en avait déjà dessiné un modèle dans le décor de son *Adoration des mages*Ⓑ, on en a parlé dans l'épisode **4**.
Ça me donne envie d'aller faire un petit tour au château de Chambord, histoire d'imaginer de plus près Leo en train de dessiner.
Il ne reste plus beaucoup de temps au maestro... Dur, dur pour moi de terminer. Le problème, c'est que je n'ai pas envie qu'il vieillisse et qu'il meure.

— Heu... il est mort il y a environ 500 ans...
Je sais, mais tu vois, Rémi, au début de **100 % bio**, je n'imaginais pas faire autant de vidéos sur lui. Je voulais parler des machinesⒷ, de la dissection, de la *Joconde* et de deux, trois découvertes marrantes, c'est tout. Maintenant, il est devenu comme un ami pour moi, je n'arrive pas à le quitter.
L'autre jour, ma mère écoutait une émission de radio. À la fin, l'animatrice demandait à l'invité : « *Maintenant, fermez les yeux et imaginez que vous pouvez rencontrer un personnage célèbre aujourd'hui disparu.* »

— Moi, je donnerais **n'importe quoi** pour parler avec Leo, j'ai dit.

— Qu'est-ce que tu lui raconterais ? a demandé ma mère.

— Je crois que je l'écouterais, surtout. J'aimerais connaître le son de sa voix, j'ai répondu. De toute façon, je ne pourrais pas ouvrir la bouche, je serais bien trop intimidée.

— Mélissa muette ? **Impossible !**

Bon… c'est bientôt la fin, tu l'as compris… On ne va pas s'éterniser, juste passer quelques flashs, d'accord ?

En 1518, il organise des fêtes à Amboise. Comme celles du temps de Milan. Quel fêtard, ce Leo !
Il donne même une représentation de son fabuleux spectacle *Paradiso*, sous une tente couleur céleste… Waouh !
Salaï repart à Milan. Brouille ? Melzi reste avec Leo.
Leo joue avec la géométrie : il dessine toutes sortes de figures à l'intérieur des cercles.
Je pense à la géométrie ça me donne la pêche !
Il note dans un coin de carnet :
Je continuerai

TESTAMENT :
Salaï, ses frères et ses serviteurs auront des biens. Melzi héritera de sa pension, de ses livres, de ses tableaux et de ses carnets.

Leo meurt dans son lit.
Paisiblement.
Le 2 mai 1519,
un lundi de printemps.

Voilà, voilà… Pfff…

Tu veux que je te raconte deux petites histoires pour te changer les idées ?

Le dernier soupir de Leo

Regarde ce tableau :

Il s'appelle *La Mort de Léonard de Vinci* Ⓑ et il a été peint par Ingres, en 1818. On y voit Leo pousser son dernier soupir dans les bras de François Ier.

Jusqu'à la fin, Leo s'entoure de légende… C'est Vasari (tu sais, le peintre biographe) qui a raconté que le roi avait assisté à la mort de Leonardo. Il écrit même que le maestro faisait tout un exposé sur sa maladie à François Ier et qu'il est mort en pleine analyse médicale !

Tollé dans les rangs des spécialistes, bataille d'historiens :

La version de Vasari n'est peut-être pas fausse… J'ai envie d'y croire ! Surtout que je trouve que c'est tout à fait dans le style de Leo de faire une description scientifique de ses derniers instants. Savant jusqu'au bout !

Un second Leo

On a failli avoir un second Vinci !

La mort de Leo est un déchirement pour Bartolomeo, son jeune demi-frère. Alors, que fait-il ?

Il file à Vinci pour épouser une jeune fille du village (une deuxième Caterina). Ensuite, il prie Dieu de lui donner un fils doté du génie de son oncle... Là-dessus, un bébé arrive, aussi mignon qu'éveillé. Bartolomeo l'appellerait bien Leonardo, mais sous la pression familiale, il le nomme Piero.

Un prêtre chiromancien et un astrologue se penchent sur le berceau (remake de *La Belle au bois dormant*) et prédisent au bambin un avenir aussi brillant que bref. (Ça veut dire qu'il va avoir une super carrière, mais qu'il va mourir jeune.)

Bartolomeo fait semblant de ne pas avoir entendu et éduque soigneusement son fils. Le gamin ressemble comme une goutte d'eau à son tonton Leo. Il est archi-doué pour les sciences et les lettres, mais surtout il apprend tout seul à dessiner et à modeler la terre. Bartolomeo en pleure de bonheur. Le miracle s'est produit, il a été exaucé : « son frère lui a été rendu dans son fils » !

Il envoie l'ado chez Bandinelli, un maestro copain de Leo, à Florence. Puis Piero termine sa formation avec le sculpteur Tribolo. Et là, tiens-toi bien, celui qu'on appelle maintenant Pierino da Vinci épate tout le monde avec ses sculptures. Admiration unanime ! Il n'a pas 17 ans et il sculpte à la manière de Michel-Ange (une belle revanche !). Sa renommée commence à gagner toute l'Italie.

On est en 1553, Pierino a 23 ans, et là, **PAF !** Il meurt d'une mauvaise fièvre à Pise. La prophétie s'est réalisée.

Dans un sonnet, son ami, le poète Benedetto Varchi, pleure :

"ô douleur,
le deuxième Vinci !"

Leo, la suite !

Hello, p'tit génie !

Dernier épisode de la saga Vinci !

Je ne sais pas toi, mais moi, je me suis vraiment attachée à Leo. Quand je pense à lui, une foule d'images défilent dans ma tête, comme sur un compte Instagram : chaque moment de sa vie illustré dans des petits carrés colorés d'où il nous fait signe.

Ça lui aurait bien plu de publier ses inventions sur le Net au fur et à mesure. Là, au moins, on n'aurait rien pu oublier et tout le monde en profiterait.

Il aurait eu facebook aussi :

Le XVe et le XVIe siècles, c'est tellement loin quand on y pense ! Mais ce qui est fou, c'est qu'avec Leo, ça semble hier ! À lui tout seul, il est comme une machine à remonter le temps et à se projeter dans le futur. Il suffit d'actionner la manette, et **PAF !** on voyage de lui à nous et de son époque à celle que nous ne connaissons pas encore ! Il a pensé à tout !

- Tu lèves les yeux sur un hélicoptère : tu te rappelles ses machines volantes, sa vis aérienne et son rêve fou de faire un jour planer l'homme comme un oiseau.
- Tu grimpes une côte sur ton vélo ? Merci au maestro d'avoir inventé les pignons du changement de vitesses.
- La pendule de ta grand-mère ou les engins du chantier d'à côté perturbent ta grasse mat' ? Tu peux râler sur Leo, ça fait cinq siècles qu'il les a dessinés. ☺

- Et si tu te noies, pas de panique ! On peut te lancer sa bouée de sauvetage : on utilise toujours la même que celle qu'il a fabriquée !

Sa cité idéale, c'est notre monde… Enfin, les bons côtés. Et pour les mauvais, à tous les coups, il nous trouverait des solutions.

Je l'imagine parfaitement nous fabriquer la capsule à hélice ou la combinaison de téléportation instantanée pour nous sortir des embouteillages aux heures de pointe.

Le métro aérien, il l'aurait sûrement inventé, mais en mieux, avec des ponts à double niveau qui enjamberaient les immeubles, des coussins d'air invisibles pour éviter le bruit, des jardins suspendus pour le coup d'œil et des escaliers roulants célestes…

On se promènerait dans le ciel, on ferait du tourisme aquatique… Il suffirait d'un ascenseur sous-marin pour aller explorer les grands fonds et de lentilles à rayons X pour observer le squelette des poissons en train de nager.

Leo, c'était pas un prophète ou une diseuse de bonne aventure, c'était un homme tourné vers le futur… C'est pour ça qu'on l'aime, parce qu'il nous est proche.

Il nous donne envie de mettre en mouvement tous les engrenages de notre cerveau, pour améliorer l'avenir, nous aussi. Après tout, c'était complètement improbable qu'un enfant de la campagne sans aucun diplôme arrive à faire de sa vie une encyclopédie et soit proclamé génie universel.

Leo nous encourage à écouter nos émotions, à observer avec attention le monde autour de nous, de notre ordi, de notre collège, de notre pays. Il nous donne envie de nous tourner vers les autres et d'être curieux...

Tu vois, il pensait que les études nous aident à gagner du temps, mais qu'elles ne remplacent pas l'intelligence... elles la réveillent plutôt.

Tu sais ce qu'il disait ?

“ Toute connaissance commence par les sentiments. ”

Disons que ce serait déjà faire la moitié du chemin. On a tous des talents, il suffit de se faire confiance et de ne jamais voir la curiosité comme un défaut.

Regarde, moi, je me sens trop forte avec mon pédalobrouteur. Si ça se trouve, ce sera trop la base dans le siècle prochain : tous les écolos en auront un dans leur jardin ! ☺

Bon, c'est pas le tout, je lâche la caméra... Faut que j'aille pédaler. Je vais faire un sort à la pelouse...

Alors... *Ciao !*

Remerciements

Mille mercis à ceux qui ont laissé
leurs talentueuses empreintes dans ce livre :

Christiane Alix, Marilou Bertheau,
Chiara Dattola, Marie Drion, Alain Gros, Romain Guyard,
Amélie Léveillé, Frédéric Lorreyte, Margaux Manchon,
Michael Pasek, Leslie Plée, Marie-Ève Racine-Legendre,
Manon Sautreau, et Jérôme Wawrzyniak.

CRÉDITS IMAGES

Les éditeurs remercient les sources ci-dessous pour
leur aimable autorisation de reproduction des images dans ce livre.

©shutterstock

p.107 : Léonard de Vinci, « Chariot autopropulsé »/Kwirry ; **p.133 A :** « L'arbalète géante » / Everett Historical ; **p.133 B :** « Étude de char armé couvert »/Janaka Dharmasena ; **p.134 A :** « Étude de char armé couvert »/Janaka Dharmasena ; **p.181 A :** « Parachute »/Mar.K.

©istockphoto

p.31 : Loge des Lanzi/Karambol ; **p.57 :** photo Duomo Florence/vivienne33 ; **p.105B :** Léonard de Vinci, « Étude d'un costume pour une fête de cour avec cheval »/Ibusca ; **p.124 :** Léonard de Vinci, « Étude sur la manière de marcher sur l'eau »/Ibusca ; **p.145 A** : Château Sforza/GoodLifeStudio ; **p.145 B :** Statue de Leo devant l'opéra/iPhotographer62 ; **p.146 A :** Copie du cheval géant de Léonard de Vinci/mackdaknife ; **p.146 B :** « Gran cavallo »/Ibusca ; **p.147 A, B, C :** « Étude des chevaux »/Ibusca ; **p.180 A :** « Vaisseau volant »/JanakaMaharageDharmasena ; **p.181 B :** « Vis aérienne »/JanakaMaharageDharmasena ; **p.200 B :** « Étude des mains »/JanakaMaharageDharmasena.

©WikimediaCommons

p.58 : Léonard de Vinci , *L'Annonciation*/Leonardo Da Vinci [CC BY-SA 4.0] ; **p.180 B :** « Étude pour une machine volante »/Arianna[Domaine public] ; **p.224 :** Photo escaliers à double révolution, Château de Chambord/Helac [CC By 1.0].

Les musées : ©Windsor Castle Royal Library : p.200 A : « Études anatomiques de la musculature de la jambe et comparaison de cette musculature chez l'homme et le cheval » ; **p.219 :** François Ier, Marignano, Domaine public/Louis le Grand. **©Pinacothèque ambrosienne : p.94 :** « Tambour mécanique » ; **p.131 :** Léonard de Vinci, « dessin de bombardes à boulets explosifs » ; **p.136 :** « Défense des murs ». **©Institut de France : p.172 :** « Projet pour les écuries modernes » ; **p.28 B :** Léonard de Vinci, *Projet d'aile dynamique*.**©Bibile Reale Turin : p.134 B :** « Chars à faux ».

©Cécile Alix : p.114 : perspectographe ; **p.221 :** « Clos Lucé » ; **p.123 :** le pédalo.

©Chiara Dattola : p.145 C : Pinacothèque ambrosienne.

©Amélie Léveillé : p.236 : Bouée.